玩转新媒体

陈　瑛　周玲玲　主　编

上海交通大学出版社
SHANGHAI JIAO TONG UNIVERSITY PRESS

内容提要

本书打破传统教材编写模式，针对读者实际工作需要，以培养职业能力为本位，组织和设计内容，主要介绍了新媒体运营的实战技能。本书共分为三个模块，模块一内容为“关于软文的那些事”，模块二内容为“学会这些，打造完美画面”，模块三内容为“如何成为视频达人”。

本书既可作为企业新媒体从业人员学习用书，也可作为相关专业的新媒体运营课程的教学用书。

图书在版编目（CIP）数据

玩转新媒体 / 陈瑛，周玲玲主编．-- 上海：上海交通大学出版社，2022.8

ISBN 978-7-313-26814-3

Ⅰ．①玩… Ⅱ．①陈… ②周… Ⅲ．①传播媒介—文书—写作 Ⅳ．① G206.2

中国版本图书馆 CIP 数据核字 (2022) 第 077936 号

玩转新媒体

WANZHUAN XIN MEITI

主　　编：陈　瑛　周玲玲

出版发行：上海交通大学出版社

地　　址：上海市番禺路 951 号

邮政编码：200030

电　　话：021-64071208

印　　刷：广东虎彩云印刷有限公司

经　　销：全国新华书店

开　　本：710mm × 1000mm　1/16

印　　张：10.5

字　　数：151 千字

版　　次：2022 年 8 月第 1 版

印　　次：2022 年 8 月第 1 次印刷

书　　号：ISBN　978-7-313-26814-3

定　　价：39.00 元

前　言

在移动互联网高速发展浪潮下，新媒体成为我们的生活的一部分，在许多方面都能看到它的影子。目前，新媒体产业呈现出勃勃生机，新媒体运营人才的缺口也越来越大。同时，新媒体平台以相对较低的推广成本、付费意愿强的目标人群、与消费者面对面沟通的机制等优势，成为企业营销的首选平台。

新媒体的兴起，缘自互联网和移动设备的发展，它是相对于报纸杂志、广播电视等传统媒体而言的新型媒体形态。新媒体利用当下热门的自媒体平台进行运营、推广和营销，向客户广泛或精准地推送消息，引流导粉，利用粉丝经济达到营销的目的。

本书作为一本新媒体教材，主要适用于刚接触新媒体的初学者，引导他们思考、交流、合作、学习，提升新媒体素养，同时帮助其科学、合理、有效地运营新媒体平台，从简单上手到轻松玩转各大新媒体。本书通过大量的图文案例，细致讲解了软文内容编辑、版面设计、图片处理、短视频制作、各大新媒体平台运营等内容，为新媒体初学者打通更详细而深入的软文撰写和平台运作、推广之道，让运营者更得心应手。

本书共分为3个模块，5个项目，涉及多个新媒体平台运营的技巧和方法。

第一模块的内容是“关于软文的那些事”，分为3个项目，分别是微信软文、App软文和H5海报制作的思路与方法。模块二内容为“学会这些，打造完美画面”，让图片为软文增色，重点介绍了新媒体图片的处理思路及制作技巧，包括4个任务，分别是“开启读图时代”“封面图制作”“信息长图制作”“GIF动图制作”。模块三内容为“如何成为视频达人”，项目内容是不可错过的短视频攻略，主要通过短视频的策划与推广讲解短视频处理技能。

本书从文案、图片、短视频等方面入手，着重介绍各大新媒体平台的运营，重点讲解这些新媒体平台的运营技巧和方法。本书具有以下3个特点：

（1）内容知识面广。本书从文案撰写、工具选择、广告设计、微信运营，媒体平台、图片处理、视频运营、数据分析等方面详细讲解新媒体运营者需掌握的方法和技巧，从而全面提升新媒体运营者的能力。

（2）案例详细精美。本文列举公众号、淘宝、微信朋友圈、短视频、直播和头条等热门平台案例，详细讲解各个平台的发文、排版、运营等技巧，便于读者更精确有效地了解相关信息。

（3）实际有用。本书没有通篇的理论，而是选择常用的新媒体平台上能搜索到的文章，案例贴近生活，有说服力，讲解内容实践性强，便于初学者轻松入门。

本书以新媒体运营实战为基础，力求为读者呈现完整的运营图谱，包括软文、图片、排版、H5、短视频等一系列内容。相信本书能够为读者打开新媒体运营大门，帮助读者解决运营过程中出现的问题，从而有效提升读者的新媒体运营工作效率。

本书由陈瑛、周玲玲担任主编，由许淑钰、符筝、徐铭霞担任副主编。模块一项目一由符筝编写，模块一项目二由徐铭霞编写，模块一项目三由许淑钰编写，模块二项目四由周玲玲编写，模块三项目五由陈瑛编写。全书由陈瑛和周玲玲负责编写大纲、制定体例以及统稿、定稿、全书核对、内容审核等工作。

另外，在本书的编写过程中，我们引用了较多案例及图片，并对部分图片进行了处理，针对此，我们已与多数所选作品的作者取得了联系，并得到了他们的支持，在此，我们深表感谢！但仍有少数作者由于信息不详，暂时未能联系上。敬请这些作者与我们联系，我们将及时支付稿酬并寄送样书。联系电话：0571-88294385。

目　录

模块一　关于软文的那些事

项目1 “微时代”生活

任务1.1 “兔子要吃窝边草”——抓住朋友圈的商机

学习目标

通过本节课的学习，你应该能够：

(1)掌握微信朋友圈图文编辑的技巧。

(2)掌握微信朋友圈文案的写作方法。

微文感知

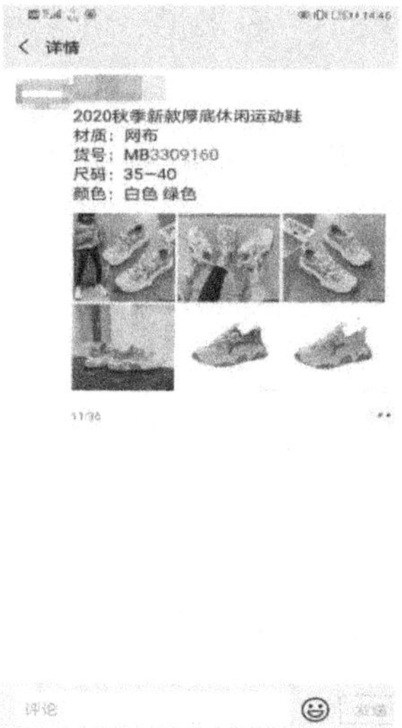

图1.1 某微信朋友圈文案1　图1.2 某微信朋友圈文案2

任务清单

上图所示(图1.1和图1.2)哪份文案更吸引你？请说出它吸引你的原因。

知识平台

微信朋友圈指的是腾讯微信 App 上的一个社交功能，用户可以在朋友圈发表文字和图片，也可以和朋友们分享自己喜欢的文章或音乐。同时，用户还可以通过朋友圈发布某些产品和广告宣传信息，从而带来巨大的商机。

朋友圈广告分为软文和硬广告，硬广告主要是从“我”出发，介绍“我”的产品是什么，是卖给谁的；而软文更多的是从“你”出发，从目标用户的角度出发写朋友圈文案，多写产品之于用户的好处。

朋友圈软文分两种，一种是产品软文，一种是自我营销软文。产品软文主要用来促进传播、促成交易；自我营销软文主要是为了加深客户的信任，打造良好的专业形象。这里，我们主要介绍产品软文。

要写好产品软文，关键是要找准切入点。一般来说，我们可以从这几个方面来切入。

一、结合热点，进行软文创作，从而赢得广泛的社会关注。

二、以讲故事的形式切入，使朋友圈的读者产生共情。

三、从自我的亲身经验入手，提升软文的可信度。

四、通过名人或者明星的经历，吸引更多粉丝。

五、在产品效果和用户群体的实际工作和生活中找到切入点，从而凸显产品的功效。

六、通过买家秀展示，提升读者对产品质量和效果的信心。

七、通过和同类型产品进行比较，体现本产品的优越性。

八、通过打折、降价或促销的宣传，激发读者的购买欲望。

任务实施

【新媒体名词解释】

(1) 硬广告:________________________________

____

(2) 朋友圈软文:________________________________

____

【说一说】

在你的朋友圈找出一篇你比较欣赏的软文，并说明原因。

____

____

【议一议】

小组之间分享优秀软文，互相讨论其切入点。

____

____

实践展示

【写一写】

图 1.3　某朋友圈软文

分析上面这篇朋友圈软文（见图 1.3），指出其切入点，并写出这样切入的好处。

____

____

____

____

____

任务 1.2　朋友圈软文全攻略

学习目标

通过本节课的学习，你应该能够：

(1) 了解软文和硬广告的区别。

(2) 了解微信软文的切入点。

微文感知

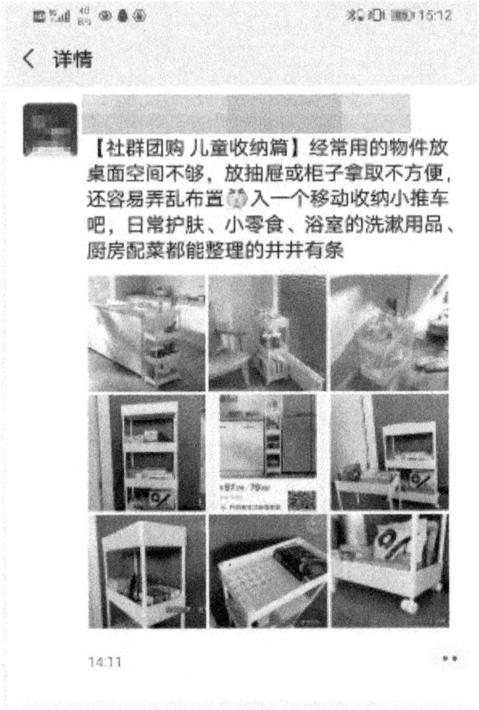

图 1.4　某朋友圈软文

任务清单

(1) 请结合上图（图 1.4），思考在朋友圈发文时，应注意哪些问题。

(2) 你如何评价上图的文案？

知识平台

发朋友圈我们一般会采用三种方式，一种是纯文字，一种是图文结合，还有一种是发送视频内容。其中，图文结合方式的效果更好。在软文写作中配图是很重要的一项内容，漂亮的图片往往会比纯文字得到更多的关注。因此，我们在编辑朋友圈内容时还应该用修图软件对图片进行编辑和精修，使其最大限度地发挥作用。除此之外，我们还要把握以下几点。

一、文不过三行

微信朋友圈只能展示六行文字，而人们在刷朋友圈时通常更关注前三行的内容。因此，我们在撰写文案时应注意提炼重点和亮点，这样才能够激发起人们继续浏览的欲望。如果朋友圈内容过长就会发生“折叠”，只显示前几行的文字，读者必须点击“全文”才能看到余下的内容，由此造成阅读不便。所以，朋友圈文字部分要精简。

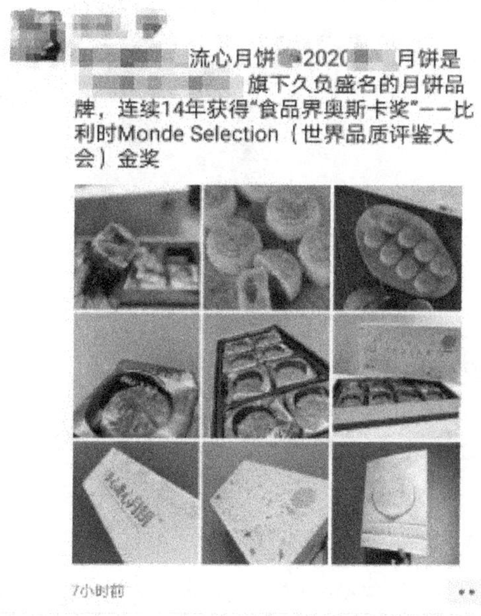

图 1.5　内容精简的朋友圈文字

如图 1.5 所示，微商通过对产品优势关键词的提炼，可大大缩减微信软文的篇幅，让人一目了然。

在微信这个社交平台上，大家更愿意接受碎片式阅读。因此，我们不要使自己的朋友圈内容太过冗长，最好能够提炼出重点，让人一目了然。

二、评论来补充

当文案内容太多，没办法在前三行表达完整时，我们可以运用朋友圈的另外一个功能——评论，从而将更多的信息传递给受众。评论区没有折叠功能，因此，我们可以利用评论将前三行没法表达的文字或重点写上去（见图 1.6）。

图 1.6　评论区传递信息

三、撰写有技巧

确定受众。确定软文的阅读对象，以及他们的年龄层、职业、生活习惯、兴趣爱好等。

强化功能（特色）。即在朋友圈中将产品最大的优点凸显出来（见图 1.7）。我们可以用一张白纸，将它分成 9 个方格，在中间的格子里填上产品名，在其他 8 个格子里填上其优势或特色，即采用九宫格的方法，将产品的优点一一列出，再经过对目标人群的分析，确定产品最佳优势，从而使软文推广的目标更加精准，目的性更强。

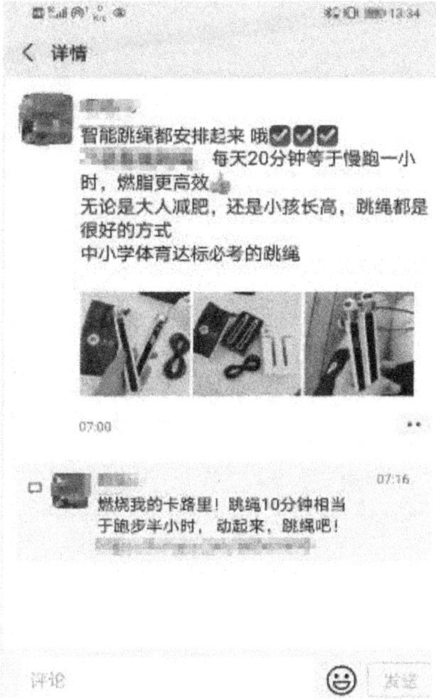

图 1.7　介绍产品特色

多方营销。除介绍产品的功能和特色之外，我们还可以从优惠政策、专家点评、鉴定报告、售后服务等角度入手（见图 1.8）。

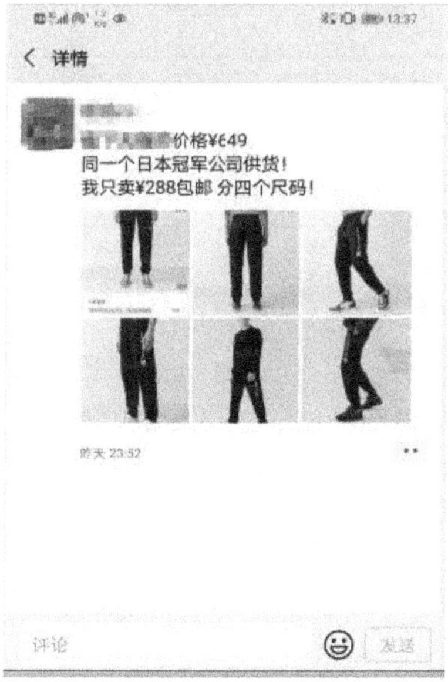

图 1.8　突出优惠

任务实施

【说一说】

你认为在写作朋友圈软文时，应注意哪些问题？

【评一评】

晒一晒你的朋友圈，和小组成员分享你认为比较好的文案，并分析。

实践展示

【写一写】

根据本节的朋友圈文案写作技巧，任选一件物品，试着为其撰写文案，并发布到朋友圈。

任务1.3 公众号：微信吸粉利器

学习目标

通过本节课的学习，你应该能够：

(1) 学会如何注册公众号。

(2) 学会如何通过公众号发布图文信息。

任务清单

进入微信公众号网页，根据上面的提示尝试申请公众号。

知识平台

微信公众号的推出，为我们提供了一种新的网络营销模式。用户可以通过公众号订阅自己所需的信息，商家可以通过这种方式推出商品或者企业信息，推广产品，实现点对点营销。那么，如何注册公众号呢？

(1) 打开“微信公众平台”官网（https://mp.weixin.qq.com/），点击右上角“立即注册”，选择账号类型。

(2) 填写邮箱，登录你的邮箱，查看激活邮件，填写邮箱验证码激活。

(3) 了解订阅号、服务号和企业微信的区别后，选择想要注册的账号类型。

(4) 登记信息，选择个人类型之后，填写身份证信息。

(5) 填写账号信息，包括公众号名称、功能介绍，再选择运营地区。

(6) 当出现注册成功界面时，恭喜你，可以开始使用公众号了！

任务实施

【说一说】

请列举几个你关注的公众号，并作简单介绍。

____

____

____

实践展示

【试一试】

请根据公众号申请的步骤，注册一个公众号。

任务 1.4　良好的标题是成功的一半

学习目标

通过本节课的学习，你应该能够：

(1) 明确公众号标题的体式。

(2) 掌握公众号标题的拟写技巧。

微文感知

“经贸商务助理新媒体工作室于2020年11月11日正式落户学研中心，商助专业教师、工作室成员出席了挂牌仪式，校就创中心主任作为嘉宾出席了仪式。”

任务清单

请根据上述材料，为商务助理公众号拟写本次新媒体工作室挂牌仪式的标题。

知识平台

“有了一个好的标题，文章就成功了一半”，推文标题的好坏决定了用户是否会点开文章阅读。那么，公众号的文章标题应该怎样拟写呢？

公众号标题的字数不可超过64字，推送时最多可显示31个字，减去标点符号，一共可显示25个字左右。如果想要迅速抓住读者的阅读需求，就要求公众号推文的标题在有限的字数内能将需要表达的关键词前置。因此，标题字数最好控制在20个字左右。具体可参考以下方式（下文所列案例截图均来自各公众号推文）：

一、提取亮点

任何文章都要有主旨，即中心思想。一篇公众号推文想要清楚地表达展示给用户的信息，就要揣摩用户最关心的是什么，即文章的“亮点”。用简短的文字或词语概括亮点，并将其以标题的形式展现，往往可以取得良好的效果，如图 1.9 所示。

图 1.9　提取亮点

二、制造悬念

人们往往有好奇心，因此，可以通过制造悬念的方式激发用户的好奇心，促使他们点击阅读。制造悬念的方式一般有两种：

第一种是用省略号结尾，话不说完，在转折处停止，给用户留下想象的空间，使他们的好奇心放大化，如图 1.10 所示。

图 1.10　省略号结尾

第二种是直接提出问题，激起用户探寻答案的欲望，如图 1.11 所示。

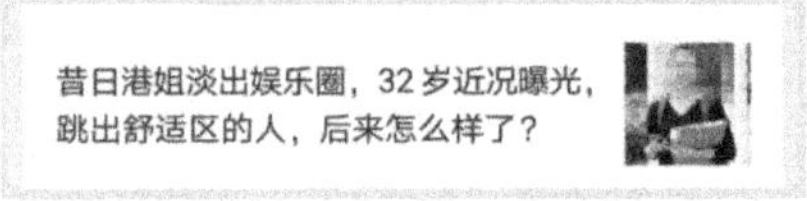

图 1.11　直接提出问题

三、强调数字

数字能达到刺激视觉的效果，造成的直观感受比文字更加强烈。因此，在进行标题创作时，可以利用数字造成的刺激效果来吸引用户的关注，如图 1.12 所示。

图 1.12　强调数字

四、利用热点

热门话题或者热播的电视剧往往拥有庞大的关注人群。因此，利用热门话题作为标题往往能带来爆发性的流量（规避政治及敏感话题），如图 1.13 和图 1.14 所示。

图 1.13　利用热点 1

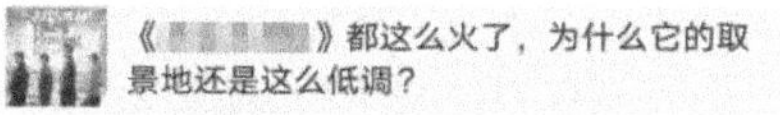

图 1.14　利用热点 2

五、名人效应

在标题中插入各个领域中有知名度的人物名字（规避失信名人及有争议的人物等），可以增强文章的说服力，并吸引用户点击或转发。但要注意，不要强行把名人代入和他们无关的事情，以免引起不必要的纠纷，如图 1.15 所示。

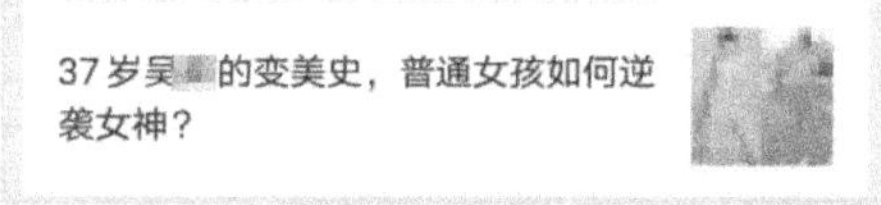

图 1.15　名人效应

六、打破常规

反常规标题在很多公众号平台得到了很好的诠释，这样的标题具有较大的趣味性，但是在使用时要有一定的粉丝基础，如图 1.16 所示。

图 1.16　打破常规

七、巧用对比

将两种对比比较明显的事物放在一起形成强烈反差，有时反而会更加突出其中一种事物的作用。由此，可以给读者留下深刻的印象，如图 1.17 所示。

图 1.17　巧用对比

任务实施

【找一找】

请在你关注的公众号中找出符合本课标题拟写技巧的微文标题。

____

____

【评一评】

以小组为单位，选取上一环节中的 1—2 个标题，分析其中运用的技巧及产生的作用。

____

____

____

实践展示

【写一写】

请任选两个标题拟写技巧，据此拟写两个推文标题，并写出你的思路。

____

____

任务1.5　轻松打造Hot文案

学习目标

通过本节课的学习，你应该能够：

(1) 掌握公众号推文的写作步骤和方法。

(2) 学会如何打造“爆款”金句。

微文感知

图1.18　某推文

任务清单

(1) 请阅读以上推文(见图1.18)，分析该文案的创意点是什么。

(2) 说说这种形式的招生专业介绍有什么好处。

知识平台

微信公众平台的推出，带来了庞大的网络用户群体，通过软文进行商业运作和产品营销的效果是不可估量的。吸引流量的关键之一，就是一篇营销宣传效果极佳的公众号软文，而软文中的文案设计和创作更是其中的重头戏，因此，我们要做到以下几点。

一、目的明确

目的不同，文案写作的思路和方法也不同。因此，在写作前应该明确文案创作的目的，如宣传品牌、推广产品或促进销售等。

为宣传品牌，文案内容需符合品牌风格，引起共鸣；为推广产品，就要提高活动的吸引力，让读者觉得值得参与，而且参与的门槛也不高。为促进销售，则要让人产生需要感、信任感，进而付诸购买行动。

二、定位准确

在文案创作前，创作者要对文案有准确的定位。因此，在创作前，创作者最好列出该文案的创意纲要，主要梳理三个问题，即对谁说，说什么，在哪说。只有如此，文案的写作才会更有方向。

(1) 对谁说。即对目标人群的分析。可以从行为学、地理学、人口统计学、消费心理学的角度，分析谁是潜在的消费者，他们有什么典型的个性特征。

(2) 说什么。在“对谁说”的基础上，考虑“说什么”，即通过怎样的方式去说服目标人群，使他们信任所推广的内容。这就需要深入挖掘自身卖点，对照竞争对手的说服策略，并在此基础上提炼出文案的说服点。

(3) 在哪说。即根据人群选择合适的媒体、合适的时间，进行文案发布。有时也可以根据不同的媒体发布不同形式的文案内容。如有些公司的文案创意简报会列得很长，而有些公司则会列得相对简单。

文案创意纲要主要包含以下三个部分。

(1) 目标说明。简单具体地说明广告目的或要解决的问题，包括产品或品牌相关名称、具体的目标消费者描述。

(2) 支持性说明。对支持产品卖点的证据进行简要说明。

(3) 品牌特点说明或品牌风格说明。对品牌自身风格或希望传达出的品牌价值进行说明。

三、关注头尾

好的开头可以延续标题的趣味性，吸引读者的兴趣，同时也可以帮助读者理解文章。因此在构思文案时，应该在开头部分多下功夫。在设计开头时，我们可以运用解释题目、顺藤摸瓜、制造悬念、自曝其短、制造冲突、讲述故事、形成对比等方法。

好的结尾可以加深读者印象，引导读者采取进一步行动。因此，结尾可以采用首尾呼应、风趣调侃、引导评论等方法。

四、打造金句

一篇能吸引巨大流量的软文，必定会创造相应的网络金句。因此，在设计文案时，创意金句的运用也是文案的亮点。如何打造让人眼前一亮的金句呢？我们可以从以下几个方面入手。

(1) 押韵法。如：顺路是最好的套路，世间所有的内向都是聊错了对象。

(2) 对比法。如：你们去征服世界，我只想征服一个人的胃和心。

(3) 拆解法。如：穿着舒服的意思是你舒服，别人看着也舒服。

(4) 比喻法。如：好事跟痛苦是一体的两面而已，一个是手背，一个是手心。

(5) 颠倒法。如：扮成潮人就是要不消失在人潮。

(6) 反常识法。如：最懂你的人不一定认识你。

五、尽量原创

切忌抄袭。创作原创文章后要记得申请原创（如图 1.19 所示），原创文章要求字数至少 300 字，原创文章会受到版权保护。

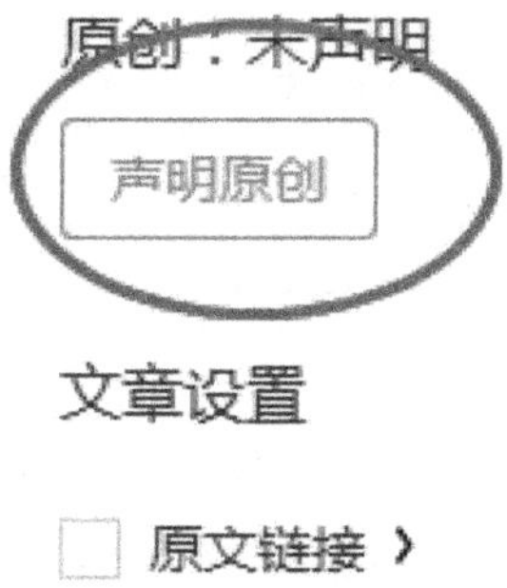

图 1.19　申请原创

小贴士：

如何成为推文达人？

◆多读书，多摄入你所在行业的相关内容。
◆多记录，随时记录看到的好词好句。
◆积累属于自己的“语言池”，在有灵感时随时记录，以便在写作中可以从中找到灵感及素材。

任务实施

【说一说】

你认为在撰写公众号文案时，应注意哪些问题。

____

____

____

【评一评】

选择一篇你认为写得比较成功的公众号软文，并从内容和创意两方面进行评价。

____

____

____

实践展示

【写一写】

选择学校或者班级新近发生的事情作为主题，创作一篇适合在经贸商务助理公众号上发表的推文。

____

____

____

____

____

任务 1.6　图文编辑器：推文的美化利器

学习目标

通过本节课的学习，你应该能够：
用图文编辑器编辑公众号推文。

任务清单

(1) 任选一种图文编辑器完成注册。
(2) 选择合适的模板和元素，编辑推文。

知识平台

微信编辑器是微信公众号图文排版工具，由微信在线编辑器改编而来，为微信用户提供日常微信文章、微信图文、微信代码、微信编辑器等资源，微信编辑器可以制作模板保存在本地，方便用户进行多图文编辑。下面，主要分析常用的几款微信编辑器的优劣情况。

一、I 排版

I 排版界面比较整洁、简单，页面主要有付费模板、付费样式、互动样式、标题、正文、图片素材、图文、编辑区、文章导入等板块。用户可以在短时间内对微信推文进行排版，极大提高了效率。其优点是页面设计舒适、色调统一、排版自由、效率高，提供了比较基础的图文编辑服务，操作简单，适合对编辑器要求不高的用户。 但是它不提供图片排版功能，选择范围小，素材更新慢。

二、小蚂蚁微信编辑器

小蚂蚁微信编辑器整体页面以黑白色调为主，页面包含样式、全文模板、收藏、公众号变现、图片素材、导入文章、高清配图等板块。可添加微信超链接、提取图文视频，从而提高排版效率。其优点是文章排版格式简洁，版式优美；素材更新快，样式多，同时免费使用。但由于使用浏览器时经常会出现错误，若从已经做好的网页上复制内容，可能会引起格式问题。

三、135 编辑器

135 编辑器页面以浅色系为主，简单易学，适合初学者使用。页面包括样式、一键排版、图片素材、免费做图、文章导入等板块，它的优点是大部分功能免费、会员费便宜、样式最多、可云端保存草稿、一键秒刷、独特的文章导入模式。模板总数多，段落编辑和图片编辑功能较强，导出功能全面，同时支持手机在线预览。美中不足的是，大量模板素材需要会员才可下载，素材使用需使用积分。

四、96 微信编辑器

96 微信编辑器，样式丰富，主要以浅色调为主，页面包括素材库、一键排版、节日素材、分割线、二维码、互推、分享、调色盘等板块。这款编辑器是一款专业强大的微信公众平台在线编辑排版工具，可以提供手机预览功能，用起来比较简单、方便。其优点是内容排版、素材编辑、文本编辑更加方便；素材样式更新快，功能全；文章排版简单、易学；样式素材多等。但其操作性不强，比较容易出错。

五、易点编辑器

易点编辑器，发布于 2014 年 5 月，编辑器页面以浅色调为主，其使用方法较为简单。包括标题、正文、图文、分割线、阅读全文、背景、点赞分享、表情图、微信游戏等板块。文章布局排版、线条、字体修改等功能给用户操作提供了极大的方便。但它提供的素材样式少，并且需下载后才能使用。

六、秀米编辑器

秀米编辑器页面以深灰色系为主，进入官网首先出现的是选择图文排版（挑选风格排版、图文新手指南），H5 海报制作（挑选风格秀、场景秀新手指南、图文秀新手指南）板块。点击图文排版，新建一个图文后开始编辑图文，编辑器页面包括剪贴板、我的图库、标题、单图、多图、背景图、分割线、零件、贴纸、样刊模板、套装模板、吐槽、投稿等板块。秀米的板块功能、文字编辑、段落编辑功能较强，图片编辑功能较完善，可以免费用。但其图片功能编辑不足，免费且低级的用户可存储的图文数量少，不能全文编辑。

七、微助点微信编辑器

微助点微信编辑器页面以灰色为主，包括小程序模板、公众号变现、微信吸粉、免费做图、图片素材、加阅读量、H5 页面、文本、标题、图文、微信表情、微场景制作、微信同步、微信配图、动态图文、微信视频、使用教程、抓取图文、同步微信等板块。该编辑器素材最多，色彩丰富，操作和排版较为简单，可免费使用。用户可通过二维码扫描或者指纹识别进行在线操作。该编辑器支持手机预览、一键排版等。但其编辑界面过于简单，选择性不强。

以上是对几种常用图文编辑器的分析，我们可以针对不同的需求，选择最适合的编辑器。

任务实施

【试一试】

选择一款编辑器，在其编辑界面插入图片和视频。

实践展示

【写一写】

选择一篇自己创作的文案，通过微信图文编辑器进行编辑，并复制到微信。

____

____

____

项目 2　App 软文：阅读量“10w+”营销软文的主要阵地

任务 2.1　写作技巧：这样的 App 软文更受读者青睐

学习目标

通过本节课的学习，你应该能够：

了解什么样的 App 软文更受读者青睐。

App 软文感知

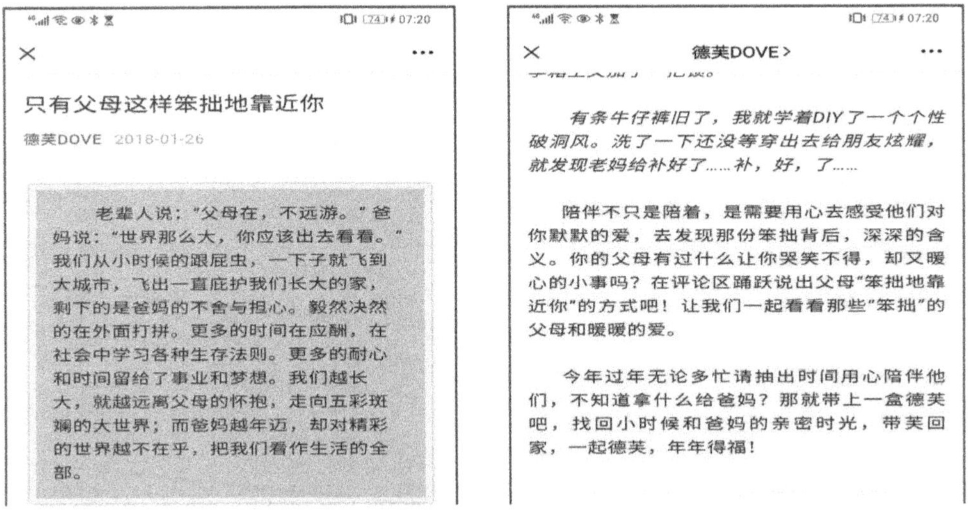

图 2.1　德芙软文

以著名巧克力品牌德芙为例，它的文案大多走的是情感路线，通过爱情、亲情以及友情等元素来吸引读者。图 2.1 所示为德芙在微信公众平台发布的一篇题为《只有父母这样笨拙地靠近你》的情感式软文，该文字里行间渗透着父母深沉的爱，同时又对产品进行了很好的推广。

任务清单

(1) 阅读软文《只有父母这样笨拙地靠近你》。

(2) 评析该文的亮点所在。

知识平台

有这样一句话：时刻陪伴我们的不是亲人，而是手机。可见现在人们对手机的使用和依赖达到了什么境地。目前，我国的手机用户已突破14亿，App是智能手机的应用程序，如果在用户数量很高的App上进行软文营销，那么就可以实现极高的用户覆盖率。本章就带领大家学习怎么才能在App上写出受读者青睐的优秀软文。

互联网正在不断影响和改变着大家的生活以及工作方式，从而催生了软文推广这个项目。在营销界有一句话叫作“得用户者得天下”。最早的软文推广就是大家有好的东西，口口相传。虽然现在的推广方式相比以前更多了，例如SEO、App推广、新闻推广等，但其实这些推广方式都是给用户强推，现在的用户已经越来越愿意自己去选择产品。那么，软文营销如何“与时俱进”？图2.2从软文级别、策划、推广三个方面进行了简单阐述。

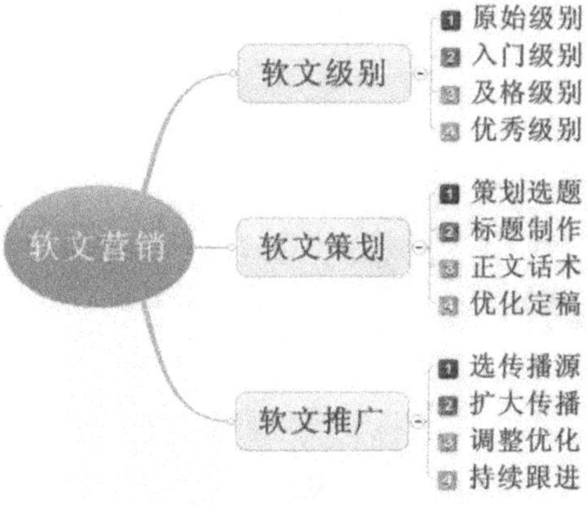

图2.2　软文营销

企业在App上写软文，应该多使用专业词汇，如果涉及抽象的概念性的内容，则需要通过举例子让更多的人理解。

撰写的软文是给读者看的，所以读者的需求是软文写作的生命力所在。读者身份的不同和职业的区别，导致他们对软文的需求也不一样，软文要对读者有价值。撰写一篇优秀软文的第一步，就是寻找用户感兴趣的话题，可以搜索与用户兴趣相关的资料进行整理并撰写。

要保证写出来的软文能满足读者的期待，就需要根据对象来设定文章的风格。在不同 App 上，根据 App 平台自身的定位，可以使用相对应的语言；对年轻读者尽量采用当下较流行的语言。这样做的好处是可以缩短与广大读者之间的心理距离，为软文创造更好的传播效应。

本章内，我们就来学习通过怎样的方法可以写出一篇受读者青睐的 App 营销软文。

一、标题要点——有悬念的标题最受读者喜爱

标题对于 App 软文来说是非常重要的，因为软文的标题好坏决定着读者是否有兴趣继续读下去。例如，在日常生活中，大家看报纸都是先看每段内容的标题，如果感兴趣再接着阅读。因此，商家要多在软文标题上下功夫。

悬念式标题是指将文章中最能够引起读者注意的内容，先在标题中做个铺垫，在读者心中埋下疑问，引起读者兴趣，从而去阅读文章内容。利用悬念撰写标题，有 4 个方法，如图 2.3 所示。

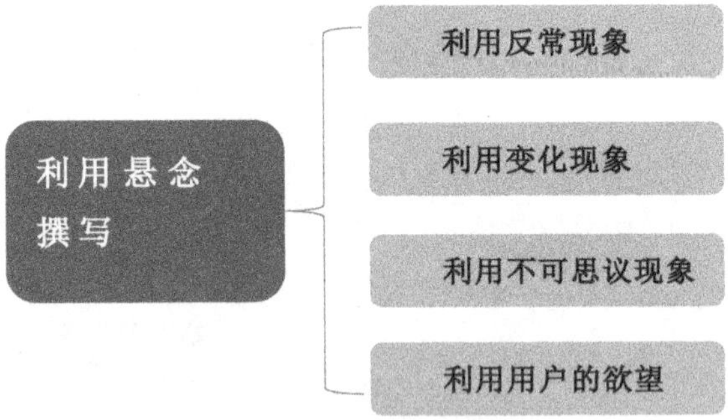

图 2.3　撰写悬念式标题的方法

悬念式标题的文章在日常生活中运用得非常广泛，也非常受读者欢迎。读者在看到软文标题的时候能产生各种联想，并把相关的事务联系起来，可以达到这样效果的标题即可称为成功的悬念式标题。这种类型的标题模式是一种比较常见的且在吸引读者注意力方面非常有效的模式。

营销案例

悬念式软文在各种各样的场景都会出现，不管是主打文字销售的微信公众平台，还是致力于销售商品的淘宝头条，都会应用到悬念式软文。如一篇名为《天冷了，编辑部的仙女们都用啥来保护她们的第二张脸?》的软文，该文标题一开始就设置了悬念，勾起读者的好奇心，紧接着，读者会点击文章进行阅读。在阅读的过程中，读者发现，作者会一步一步地给出答案，同时向读者推荐一些商品，促使读者产生购买的欲望。

悬念式软文不仅可以有效地吸引读者，增加软文的浏览量，而且还可以趁势推销相应的产品，在帮助读者解决问题的同时获得收益，两全其美。

二、内容打造——要有“料”才有点击率

App 软文营销之所以能够大受企业的喜爱，其中一个重要的原因就是软文营销中的内容形式多种多样，它不会使企业受到限制。不过企业若想在 App 软文营销的世界里大展拳脚，还得摸清楚营销内容布局的方式。下面主要讲打造有“料”内容的 App 软文的 3 大要点。

1. 短小精悍

如今生活节奏快，互联网络发达，信息爆炸，习惯快餐式阅读的读者大多数看到大篇幅文字就会头疼，即使点开一篇推文也很难完整阅读内容，更不用说阅读长篇大论的 App 软文广告了。

因此，App 营销软文要想让读者很快就能了解整个内容，就要做到短小精悍。而对于一些特殊的，用很短的文字不能说清楚的软文，就需要合理划分整篇内容，利用“起”“承”“转”“合”的写作手法，使文章环环相扣，条理清晰。

撰文时，要做到尽量用短句，使之朗朗上口，容易记住，这样才能够引发读者的阅读兴趣。

App 软文需要具有趣味性，且通俗易懂，才能吸引用户。当然，仅仅是写出一篇能够让人读得尽兴的软文是不够的，软文创作者还需要能够对软文的篇幅有比较准确的把握，能够在文章的高潮部分，将编写软文的主

题充分嵌套进去，达到营销产品的目的。

2. 直接真实

新媒体 App 软文遵循的同样是新闻报道黄金时代的基本规律，但为什么它的文本会给人完全不同的感受？软文创作者总结新媒体 App 文本为何成功时，就会发现，新媒体的文字更加直接真实，这一特点体现在文本之中，且在很大限度上影响文本的效果。

作为 App 软文发布平台的新浪微博 App 和腾讯新闻 App 等，在表现空间上都在一定限度上超出传统媒体。新闻的文本一直在变化，但这些变化都是以更充分且真实地表现这个世界为目的。新媒体改变了世界的阅读方式，但新媒体上的文章，遵循的依然是写作的规则。软文创作者可以利用新媒体文字的直接性和真实性，以故事的形式，将内容删减成 800 字左右的精美软文即可。

3. 打造卖点

如今是一个自媒体盛行的时代，也是一个软文创作者必须具有互联网思维的时代，更是一个碎片阅读、要爱就要大声说、要卖就要大声卖的年代。

写 App 软文，如果没有在适当情景下表达卖点，没有解决怎么卖与在哪里卖的问题的话，很难实现营销产品的目的。

因为软文不是美文，不是小说，不是论坛上无所谓的八卦，它的作用就是“卖”，所以，激发读者的购买冲动，才是 App 软文写作的唯一目的。

营销案例

下面就有一篇在一个名为“宝宝助手”App 上写的营销软文，我们来看一下经营者们如何打造卖点来“卖”自己的产品，如图 2.4 所示。

案例中的《这不是书》这本书很特别，软文首先介绍书名，其次介绍作者的名气与地位，最后介绍该书内容的丰富创意，总结这本书对孩子的教育意义。

软文切入的关键点，便是“卖”。通常情况下，在软文中间或者后半段出现关键词，在文末出现购买的地点和方式。行文温和还是激烈，取决于产品和软文呈现的故事，但是最重要的要素，便是软文呈现给消费者的解决方案。

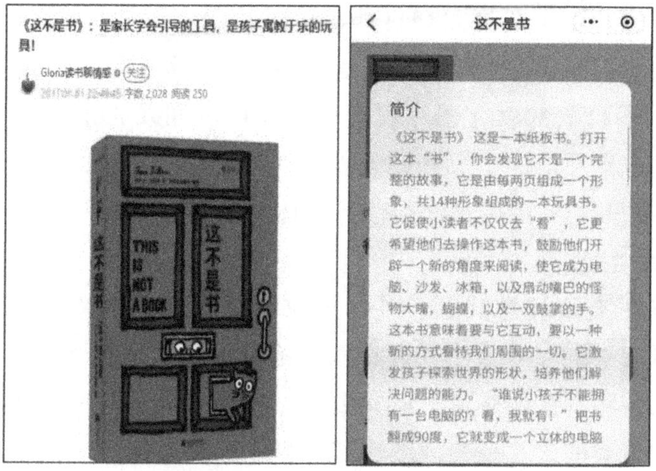

图 2.4　制造卖点的营销软文

三、图文混排——让读者将一篇文章看完的技巧

喜欢碎片阅读的读者在看到一篇单纯的长文字营销软文时，往往没有耐心去仔细浏览里面的内容。所以图片与文字结合的写作模式，是非常重要的，这种文章不仅有让读者把文章读完的吸引力，而且精美的图片也能让读者的印象更为深刻。

如果 App 运营者想要让平台上的图片更吸引读者，达到一图胜却千言万语的效果，那么就需要做到以下 5 点。

1. 颜色：要亮丽夺目

如果要在 App 上发表软文图片以吸引读者，那么所选的图片的颜色搭配要合适，能够给读者一种顺眼、耐看的感觉。对于微信公众号而言，想要图片颜色搭配合适需要做到以下两个方面，一个是图片要亮丽夺目，另一个是图片要与内容相符合。

其中，图片亮丽夺目是其主要特点，是吸引读者关注的主要因素。因此，在没有特殊情况下，App 软文中要尽量选择色彩明亮的图片，因为这样的图片能给软文带来更多的点击量。

很多读者在阅读文章的时候希望能有一个轻松、愉快的氛围，不愿在压抑的环境下阅读，而色彩明亮的图片能给读者营造轻松、愉快的阅读氛围。

当然，图片除了要亮丽夺目外，在图片颜色的选择上还有一个要求，就是图片颜色与内容是否符合，这也是在图片的细节处理中需要注意的问题，在 App 平台上的软文图片处理也是如此。如果 App 软文推送的内容是比较悲伤或者严谨的，那么就可以选择与之相应颜色的图片，而不可使用太过鲜艳的颜色，因为这样会使得整体感觉不协调。

2. 尺寸：注意高清展示

图片除了需要注意其颜色外，还应该注意选择合适的尺寸。软文中的图片在排版中的尺寸大小一般在固定范围内，不可能做太大的调整。因此，为了保持图片的清晰度，必须要保证图片本身的尺寸大小不变，再来提高图片的分辨率，这是实现图片高清显示的基本保证。

3. 排版：单图还是多图

在撰写 App 软文中，我们首先要确定文章中排版所用图片的数量。每个 App 和平台都有属于自己的特色，有的 App 软文中内容排版的时候会选择多图片的形式，而有的 App 排版却只选择使用一张图片。

文章内容多图片与少图片的不同排版方式会给读者带来不一样的体验，它们的区别具体如图 2.5 所示。

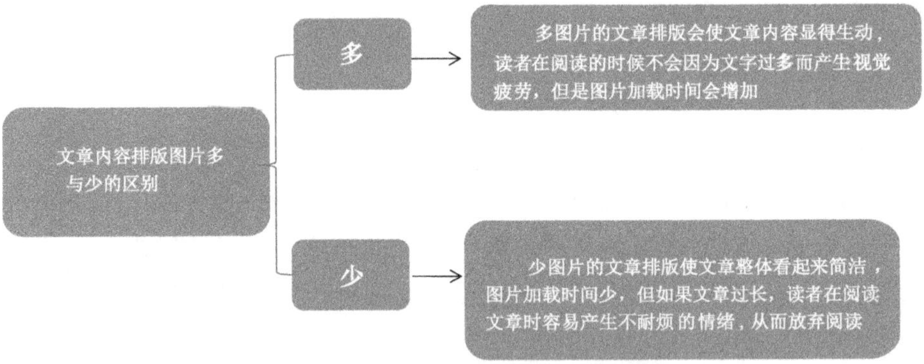

图 2.5　文章内容排版图片多少的区别

4. 图文结合式

图文结合式，顾名思义，就是把图片和文字结合起来展示的一种形式。很多文章采用图文结合式来传达内容，这种形式最为常见，也比较实用。

App 以及自媒体平台正文的呈现形式可以用一张图片，也可以用多张图片，这两种不同的图文形式，呈现出来的效果也是不一样的。那么，在打造这样的内容布局时，应该掌握哪些要点呢？如图2.6所示。

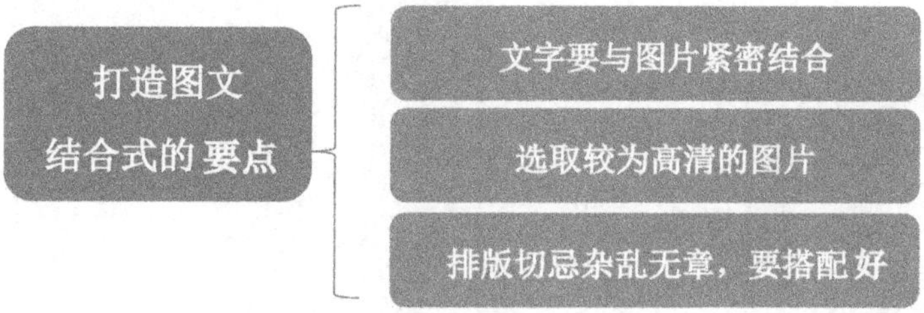

图2.6　打造图文结合式的要点

5. 动图：GIF更有动感效果

很多的App软文在放图片的时候会采用GIF动图形式，这种动起来的图片确实能为软文吸引不少的读者。GIF格式的图片会让图片更动感，相对于传统的静态图，它的表达能力会更强大。静态图片只能定格某一瞬间，而一张动图则可以演示一个动作的整个过程，其效果自然会更好。

6. 长图文：带来更大冲击力

长图文是使App软文的图片获得更多关注度的一种好方法。长图文将文字与图片融合在一起，在借文字描述图片内容的同时，用图片使所要表达的意思更生动形象，二者相辅相成，相互配合，能够使文章的阅读量大大增加。

营销案例

一组由“局部气候调查局”团队推出的百雀羚纵向长图广告《一九三一》刷爆了微信朋友圈(见图2.7)。广告运用一组长图片，展开故事，讲述了在新中国成立前的上海，一名时髦的旗袍女郎，衣内藏枪支，出门完成组织交待的刺杀任务。经过几番周折，她射出了子弹，而让人出乎意料的是，她刺杀的对象竟然是“时间”。从而引出百雀羚品牌广告——“与时间作对”。故事还穿插了19世纪60年代到20世纪40年代的街景及历史事件，让人沉浸在故事情节中，难以察觉这是一次广告营销。

图 2.7　长图文文章营销案例

——北京师范大学珠海分校官网《百雀羚〈一九三一〉长图广告微信营销策划创意分析》

百雀羚的营销案例极具创意：首先，形式上采用“一镜到底”的长图形式，纵向展开故事。“一镜到底”也适应手机屏幕，符合手机受众向下滑的阅读习惯。其次，一开始出现的民国建筑结合了中西方特色，游行队伍、黄包车、经过本土化改造的西餐厅、大剧院、百乐门等，都是极具代表性的民国符号。主人公的服饰采用了民国代表服饰旗袍和百雀羚的象征色“绿色”，宣扬自强不息的精神和民族意识的觉醒。最后，当大家都在猜想“刺杀”对象的时候，谜底揭晓——时间。百雀羚在引人入胜的故事情节中推出自己的产品，从而传达给读者这样的信念：自家产品可以有效对抗岁月的流逝。

对于文字太多的 App 营销软文，创作者除非有很深厚的功力，能抓住读者的好奇心，否则要尽量使用图片与文字结合的软文写作模式。如今，人们大多以快节奏生活为主，没有多少人愿意在一篇文章上花费大把的时间。因此，App 软文的合作者在进行软文创作时，最好先对文章的篇幅做出限制，然后再加入一些形象生动的图片，这样软文的阅读量就会远胜过以文字为主的软文了。

四、插入链接——通过外链的方式引入产品营销

很多 App 平台允许推广者在发表的软文中带上网站链接。这一做法有利于软文作用的发挥，因为推广者如果在软文中带上自己产品网站的链接，就能够将 App 上的搜索引流到该网站上，从而增加该网站在搜索引擎上被搜索的频率或者提高排名。

但目前来说，还是有一些 App 平台对软文中的外链有非常大的监控力度，不允许软文中带有广告性质的链接。

因此，我们可以根据平台相关规定，在非软文性质的文章内部插入链接，如发布一些分享心得体会的文章，关于运营网站以及电商店铺的文章等，这时候我们可以进行有效的链接植入，并且能与读者分享心得以增加互动。

营销案例

在微信公众号上，有一个叫“年糕妈妈”的订阅号，她致力于持续改善社会育儿认知和养育环境，并从自身的经历和痛点出发，再结合中国家庭的特色分享育儿理念，为妈妈提供方便靠谱的育儿内容。同时，插入网页链接进行产品营销，如图 2.8 所示。

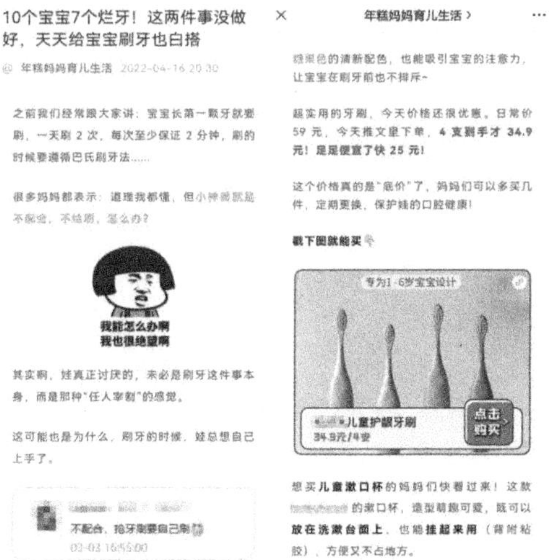

图 2.8 在软文中插入链接

任务实施

(1) 在 App 推广产品的原因有哪些?

(2) 什么是引流?

【说一说】

请你说出最喜欢的一篇 App 软文，并且说明喜欢它的理由。

【试一试】

小组之间分享优秀软文，互相讨论其特点。

实践展示

【练一练】

请你在微博、今日头条等平台，练习发布图文混排软文的操作过程。

任务 2.2　营销技巧：熟知 5 种 App 软文的营销技巧

学习目标

通过本节课的学习，你应该：

（1）了解什么是软文营销。

（2）掌握软文营销的 5 大技巧。

一般电影中、常能见到各类商标的露出，比如女主角不经意间拿起矿泉水瓶，放大镜头给到瓶子上的商标，又如路边小商店的宣传横幅，往往会有植入式广告。

其实，App 软文植入和电影的广告植入是“异曲同工”的，软文的营销有多种方式，下面笔者讲解最常用的几种方法。

知识清单

（1）找出一则你最喜欢的 App 营销案例。

（2）分析它吸引你的原因。

知识平台

App 软文推广是品牌目标和销售目标广告化的产物，它最终要达到的目的是建设企业形象与获取利润。如果 App 软文推广不出去，营销的目的就不会达成。因此，App 软文推广需要掌握一定的技巧。本章将讲解 App 软文营销推广的几个必不可少的技巧。

一、强调利益：激发客户的购买欲

在通过软文进行营销的过程中，为了使对方愿意购买商家推出的商品，必须花大把的时间和精力来激发客户的购买欲。

我们应该如何激起读者的消费欲望呢？笔者将常用的方法总结为 5 点，如图 2.9 所示。

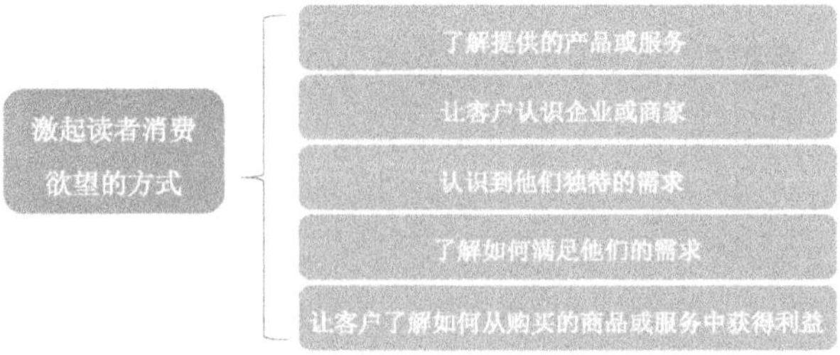

图 2.9 激起读者消费欲望的方式

在撰写软文的过程中，围绕“读者的需求和利益”这一重点来写，突出显示他们能够获得的实际好处。

营销案例

如图 2.10 所示，这是“汉堡王中国”推送的文章，该文章的内容基本上全是从读者角度考虑的。因为能看到它推送内容的读者大部分是潜在消费者，因此它的内容带有实际利益，比如送福利、提供已经搭配好的套餐等。

图 2.10 “汉堡王中国”推送的文章

二、制造稀缺性：让客户有紧迫感

中国有一句古话叫作“物以稀为贵”，意思就是越紧缺的资源价值越大。很多时候，某项资源比较丰富时，我们对它的需求量相对比较少；相反的，资源稀缺时，我们会更想得到它，以积累价值。比如黄金、紫檀木等，这些东西在资源供给方面有一定的限制性，而正是这种限制性，激发了人们想要购买它们的欲望。因为紧缺的资源永远不会失去它本身的价值，换句话说就是，这些稀缺的东西，是“值钱”的。

软文撰写者其实也可以把这种心理用于软文写作之中：一来可以促使读者第一时间阅读文章内容；二来制造产品供不应求的状态会让购买者对这种商品充满好奇心，并且产生购买意愿。

那么，在具体的撰写过程中，我们到底应该怎么做呢？笔者将其窍门总结为 3 点，如图 2.11 所示。

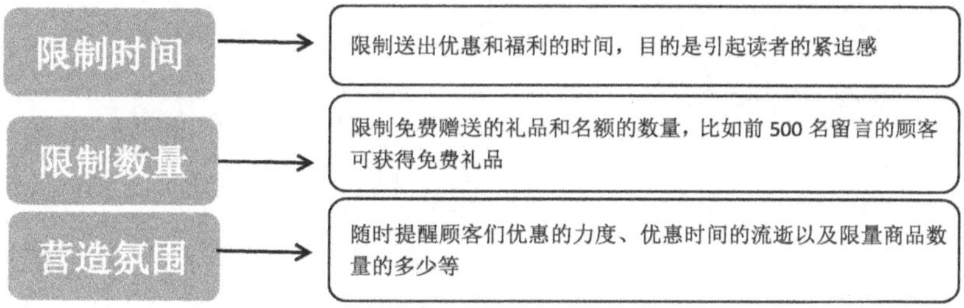

图 2.11　制造稀缺性的方法

当然，需要注意的是，在撰写这种充满急迫感和紧张感的软文时，同样也要学着给读者提供相应的实际利益，满足其一定的需求，比如赠送礼物、名额以及机会等，而且一定要进行兑现，这也是使读者长期关注你的文章并购买推荐产品的保证。

比如“泊美”和“SOFINA 苏菲娜”在微信公众平台推送的软文，两者都是通过一边送福利，一边营造紧张氛围的方式来获取读者的关注的。“泊美”通过限制名额的方式吸引读者的留言、点赞，从而提升文章的传播率和阅读率；而“SOFINA 苏菲娜”则是通过把时间限制、数量限制以及名额限制等方式结合起来以营造紧张氛围。

虽然这两篇软文出自不同品牌的微信公众号，但它们有许多相似之处，那就是两者都是为了吸引读者，推荐产品，传达品牌理念而在努力制造紧迫感。

三、节日氛围：节日意味着“团聚”和“优惠”

节假日一直是人们比较期盼的，因为无论从什么方面来说，它们都是有“利”的。于工作而言，节日意味着“休息”和“放假”；于生活而言，节日意味着“团聚”和“优惠”。在微信、App 平台运营过程中，非常有必要在软文中对节日进行描述和提及，并进行相关说明，举办相应活动，这样更容易调动读者的阅读积极性，并成功吸引读者的关注。

在软文中制造节日氛围除了能够带给人们喜悦感之外，还有哪些意义呢？笔者认为，如图 2.12 所示的几点作用值得一提。

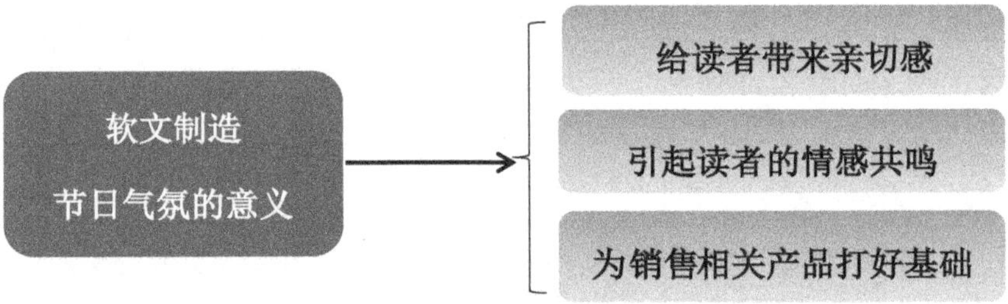

图 2.12　软文中制造节日气氛的意义

既然在软文中制造节日气氛有这么多好处，那么，在具体的撰写过程中，应该怎么做？笔者总结了 3 种方法，如图 2.13 所示。

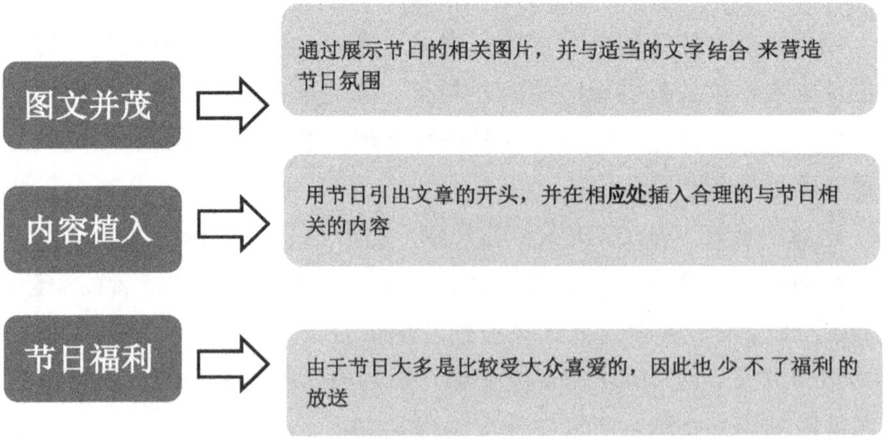

图 2.13

以“FANCL 无添加”在微信公众平台上发布的元宵节文章为例，该文标题就明显指向元宵节，如图 2.14 所示。这篇文章的开篇以“今天可是元宵节呢！有没有准时下班，回家吃汤圆呢？”来吸引读者的注意，营造浓厚的节日氛围，同时还通过生动形象的动图来展示节日的象征物——“汤圆”，可爱迷人的卡通形象给人留下了深刻的印象。

但后面话题一转，就开始围绕自家的产品和活动进行介绍了，如“FANCL3.8 女才节来啦！”“更多邀约礼等着你”等，目的是吸引读者的注意，促进产品的销售。

图 2.14　图文并茂式营造节日氛围

再来看“高丝 KOSE”在情人节前一天推送的软文，它主要是通过将节日里发生的有趣小故事与自家的产品相结合，然后积极与读者进行互动，从而推广产品品牌，获得读者和粉丝的大力支持，如图 2.15 所示。

图 2.15　内容植入式营造节日氛围

从图中不难看出，“高丝 KOSE”绝不是生搬硬套宣传产品，而是以提问的方式来吸引读者的注意，借着节日这个契机来推广和宣传，这篇软文可以称得上内容植入式的典型优质案例了。

还有一种营造节日氛围的方式，也就是上面提到的节日福利，实际上这是很多企业早就在使用的一种方法，已经在广大消费者的心中形成了固有的印象。以“兰蔻 LANCOME”为例，它在微信公众平台推出的文章就以新年为契机，结合赠送福利的方式来打造节日营销的良好氛围，如图 2.16 所示。

图2.16 赠送福利营造节日氛围

四、利用亲情诱导：引起消费者的情感共鸣

企业做软文营销时，可以利用亲情来打动读者，传播软文主题。如从读者的角度出发，表达消费者心声，引起消费者的亲情共鸣，让消费者在温馨亲情的驱动下认同并购买产品。

这样的软文营销主要是通过引起读者情感共鸣来实现的，它有针对的目标人群，如：

(1) 孝敬长辈的子孙辈；

(2) 关心丈夫的妻子；

(3) 呵护子女的父母长辈；

(4) 爱惜妻子的模范丈夫。

如果是女儿买给父亲的产品，就最好站在女儿的角度去撰文，表达女儿对父亲的敬爱，以激起女儿对父亲的关爱和体贴；如果软文的目标消费群体是丈夫，那么就可以表达出妻子对产品的期待，让爱情和亲情共同作用，从而促使目标受众对文章感兴趣，进一步购买产品。

营销案例

以“强生婴儿”在微信公众平台推送的《凛冬将至，宝宝肌肤挑战完美极限》一文为例，该文就是从妈妈关心自己孩子的角度出发倾心打造的，主要是推销宝宝用的护肤品，如图2.17所示。

图2.17 “强生婴儿”推送的亲情诱导式软文

再以儿女关爱妈妈为例，图2.18为“OLAY”在微信公众平台上发布的关于给妈妈送惊喜的软文。这篇软文不仅大打“亲情牌”，而且还借用了节日的氛围来为其造势。

图 2.18 “OLAY”推送的亲情诱导式的软文

从标题就可以看出文章是围绕母子之间的情感展开的，而正文的内容确实也是以表达对母亲的感恩为主，从广大儿女的群体角度出发，促使她们产生立即报答母亲的想法，并积极购买文中提到的相关产品。

人人都有情感，而亲情又是种种情感中最为珍贵的一种，它是一种血脉相连的感情，难以割舍。企业如果在撰写软文时能够根据实际需要将产品与亲情融合，就能轻松俘获读者的心，将其成功转换为消费者。

五、借明星之势：容易引起粉丝们的强烈关注

软文的撰写不能忽视明星效应，这种效应不仅可以吸引强烈的人气，而且还会带动广大人群的积极性，特别容易引起粉丝们的追捧和支持。但需要注意的是，明星效应是利弊兼具的。因此，软文的撰写应选择正面形象的明星作为主角，这样才会避免不必要的麻烦。

巧妙利用明星效应是营销中的常用手段，如果要通过软文进行营销，这也是一种不可错过的方法。因为这种方法有很多好处，具体如图 2.19 所示。

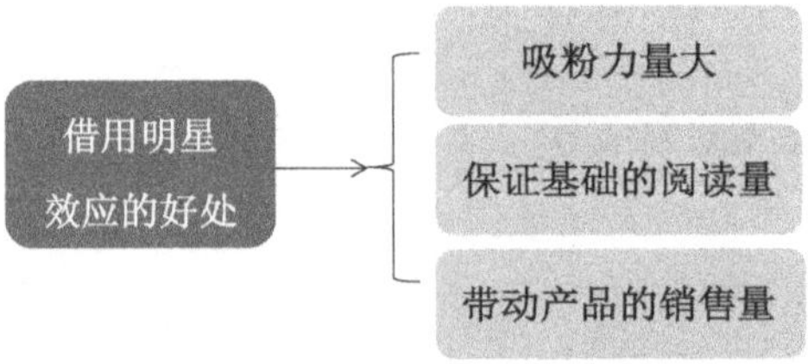

图 2.19　撰写软文借用明星效应的好处

那么，在创作的过程中，我们究竟应该如何做才能将明星效应发挥得恰到好处、淋漓尽致呢？笔者将其主要方法进行了总结，如图 2.20 所示。

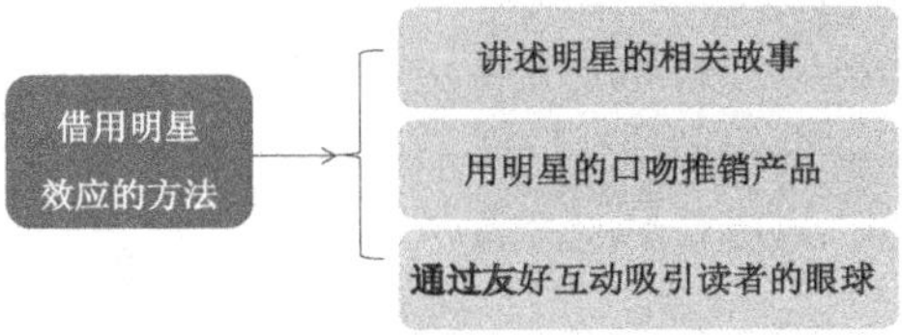

图 2.20　撰写软文借用明星效应的方法

营销案例

首先来看“欧莱雅中国”在微信公众平台推出的关于新产品的软文，它借助的是吴彦祖的人气效应，如图 2.21 所示。该文一方面展示了吴彦祖个人的保养习惯；另一方面又突出了“欧莱雅”品牌产品的优势，两者的巧妙结合形成了营销之势。

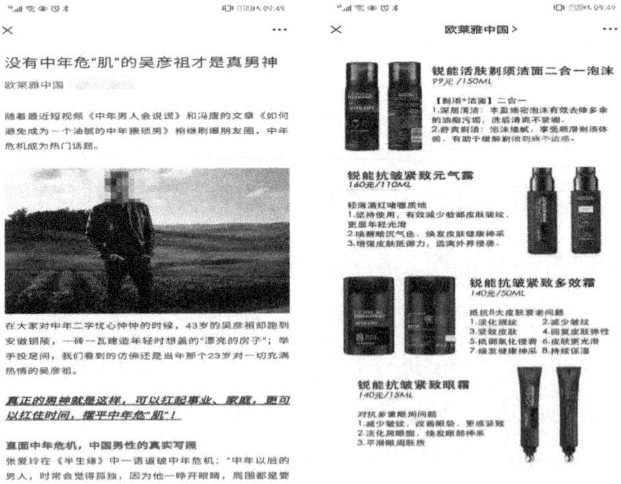

图 2.21　“欧莱雅中国”借用明星效应的软文

其次是通过插入描述明星处境的短视频的方式来撰写软文，图 2.22 为“德芙 DOVE”发布的公众号文章，其中提到的明星是周冬雨。

图 2.22 “德芙 DOVE”借用明星效应的软文

德芙这则软文通过发布明星短视频来提高人气，并以明星之口来进行宣传和推广，有效吸引广大读者，从而进一步促进产品销售。

最后是通过互动形式赢得粉丝支持的软文形式，当然，这种互动与一般的平台互动不同，是指文章内传达明星与粉丝可以进行互动的信息。如图 2.23 所示的“欧莱雅”在微信公众平台推送的软文，阅读这篇软文的读者基本上是被明星的光环吸引来的。

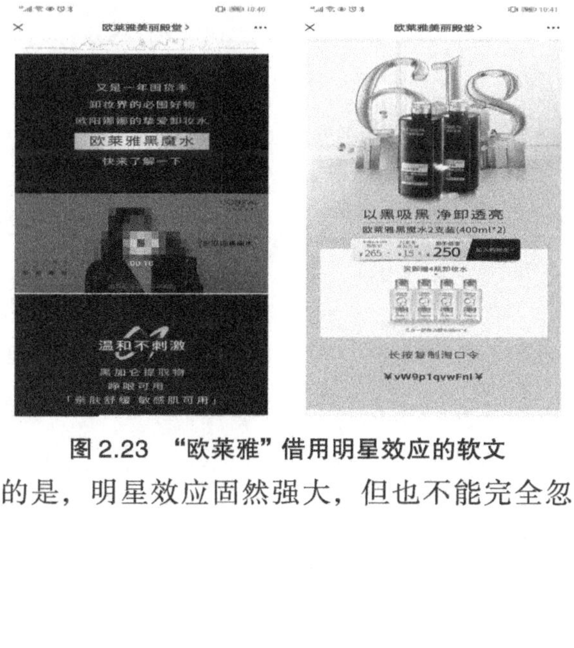

图 2.23 “欧莱雅”借用明星效应的软文

值得一提的是，明星效应固然强大，但也不能完全忽视明星素材与产品内容的结合。如果只是机械地生搬硬套，那么就会既降低了软文的价值，也无法有效促进产品销售。

任务实施

【说一说】

让你印象深刻的软文营销案例是什么？

____

____

【找一找】

请你在公众号推文中找出一篇节日营销案例，并说一说它的特点。

____

____

实践策划

【写一写】

作为某品牌护肤品的营销总监，请你从“5种App软文的营销技巧”中任选一种，以“教师节”为主题设计软文，营销产品为护手霜。

____

____

____

任务 2.3 软文案例：新媒体 App 的“10w+”爆款文案

学习目标

通过本节课的学习，你应该：

(1) 了解新媒体 App 有哪些。

(2) 掌握 App 的“10W+”爆款软文的写法。

任务清单

(1) 找出一个你最喜欢的 App。

(2) 分析它吸引你的原因。

知识平台

一篇好的 App 营销软文，如果找不到好的发布平台，那么其阅读量和传播范围也是有限的。用户量众多的 App 新媒体平台，如腾讯新闻、网易新闻、搜狐新闻、一点资讯等，都是值得运营者们关注的。

本节主要讲述在以上几个 App 平台上发布的软文案例，以及这些案例所用到的写作方法。

一、腾讯新闻——以新闻报道的方式引爆软文点击率

腾讯新闻 App 是腾讯旗下的一款为用户提供快速且公正的新闻讯息的免费应用程序。用户可以通过下载它来了解和掌握国内外发生的事件，也可以浏览美丽的风景图片，还可以第一时间欣赏名家的新作品。

腾讯旗下的 QQ 和微信两个 App，都拥有海量的用户。在这两款 App 上都有腾讯新闻的推送消息，而拥有这两款用户数众多的 App 的推送权的腾讯新闻 App，其发布软文的传播效果也是很可观的。

新闻的一个重要特点是时效性，它反应迅速，能很快地对社会上发生的事情产生反应。所以在腾讯新闻 App 上进行软文写作时，创作者也可以使用新闻报道的方式，以吸引用户的关注。

二、网易新闻——倾力打造精品软文，嵌入无痕广告

网易打造的网易新闻 App，因其流畅的阅读体验，快速的新闻报道和犀利的时事点评，还有对要闻的评论跟帖和热门话题的投票而别具特色。

网易新闻 App 的个性化设置可以让用户产生更好的体验。如它具备了天气情况的推送功能，还拥有离线阅读的功能。而对于 App 软文的发布者来说，网易新闻 App 的另一个功能则更加受他们青睐，那就是网易新闻 App 与优渡网有所合作，用户可以通过优渡网在网易上发布新闻。

营销案例

对热点事件进行报道，可以吸引用户的注意力，然后在文中嵌入自己的品牌产品内容，打出产品知名度。下面的这个 App 运营者，就先以 App 平台的名字为网名，再撰写关于热门事件的软文，获得了网友的关注，如图 2.24 所示。

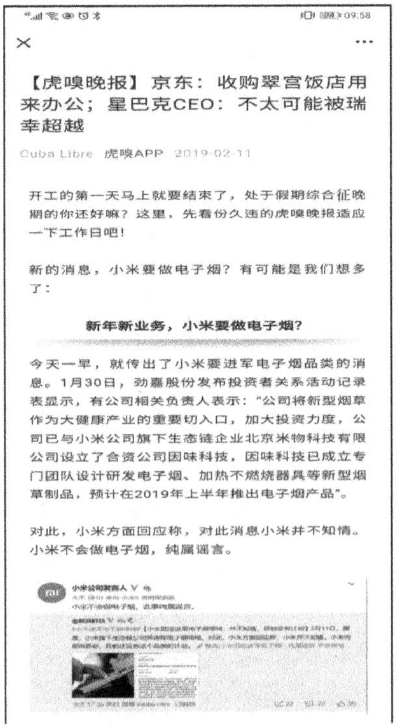
【虎嗅晚报】京东：收购翠宫饭店用来办公；星巴克CEO：不太可能被瑞幸超越

Cuba Libre 虎嗅APP 2019-02-11

开工的第一天马上就要结束了，处于假期综合征晚期的你还好嘛？这里，先看份久违的虎嗅晚报适应一下工作日吧！

新的消息，小米要做电子烟？有可能是我们想多了：

新年新业务，小米要做电子烟？

今天一早，就传出了小米要进军电子烟品类的消息。1月30日，劲嘉股份发布投资者关系活动记录表显示，有公司相关负责人表示：“公司将新型烟草作为大健康产业的重要切入口，加大投资力度，公司已与小米公司旗下生态链企业北京米物科技有限公司设立了合资公司因味科技，因味科技已成立专门团队设计研发电子烟、加热不燃烧器具等新型烟草制品，预计在2019年上半年推出电子烟产品”。

对此，小米方面回应称，对此消息小米并不知情。小米不会做电子烟，纯属谣言。

图 2.24　以新闻报道的方式宣传产品

上述案例全文好像除了大企业京东和小米外，并没有任何广告的痕迹，难道这是篇宣传京东和小米的软文吗？其实，这篇软文的作者的名字就是个广告，它借用京东和小米这两个大热点来撰写软文，看似没有宣传产品，其实却时时刻刻地对自己品牌进行宣传，称得上把广告嵌入得没有痕迹了。

三、搜狐新闻——通过移动媒体 App 引来亿万读者

目前，有这么一句话："没事的时候就刷微博，聊微信，看搜狐新闻客户端。"从这句话我们可以看出搜狐新闻 App 的火热程度。

搜狐新闻 App 除了具有和其他新闻 App 相似的要闻提送功能外，还是中国第一个推出"订阅平台＋实时新闻"这种个性化阅读功能的新闻 App。它将一些不错的媒体资源聚合成图文内容并在一些小板块定时推送，让广大读者能更全面地了解到发布在不同媒体上的社会动态，就像搜狐的口号——"搜狐新闻先知道"。

另外，系统预装 App 模式，也为搜狐新闻客户端带来了广大的用户群。搜狐新闻 App 通过与诺基亚、三星等手机硬件厂商以及电信、移动等运营商达成一系列合作，使得搜狐新闻 App 被预装在手机里，这也为其带来了海量的用户。

营销案例

有一个叫作"时尚芭莎"的运营者，在搜狐新闻 App 上发布了一篇营销软文，对几款鞋子进行了推荐，获得了不错的阅读量。

该文先从时装秀着手，介绍在时装秀中大火的"老爹鞋"，接着推荐了几款不同品牌"老爹鞋"并介绍了它们的价格和购买方式，为产品进行宣传，如图 2.25 所示。

搜狐新闻 App 拥有海量的用户，运营者在上面进行软文营销能更大程度地增加产品曝光度，达到事半功倍的效果。

图 2.25　时尚老爹鞋

四、一点资讯——结合时下热点，推出产品嵌入广告

北京网聚科技有限公司推出的一点资讯 App，拥有 24 个栏目，以满足用户不同的兴趣爱好。

与其他新闻媒体相比，一点资讯 App 独特之处在于这是一款智能程度很高的资讯 App，用户可以搜索各自感兴趣的内容并订阅，后台会自动根据用户的搜索点击记录分析其爱好所在，并为其推出相关内容的资讯，不仅方便了用户阅读，同时为一点资讯 App 抓住了客户的心。

营销案例

软文营销的目的就是让消费者买单，而对于消费者而言，在国际消费者日这个与他们息息相关的日子里，“3·15”晚会当然备受消费者的关注。这里就有一篇发布在一点资讯 App 上的软文，结合“3·15”晚会这个与消费者相关的热点，为新品 SUV 的上市进行宣传。

案例借助“3·15”晚会这个热点推送了一篇汽车营销软文（见图 2.26）。对消费者而言，“3·15”晚会是与企业产品质量相关联的。企业或者产品只要是在“3·15”晚会上被点名就意味着已经被打上次品、劣品的标签，而这款 SUV 新品竟然在风口浪尖上市，给人造成一种该 SUV 质量经得起考验之感。

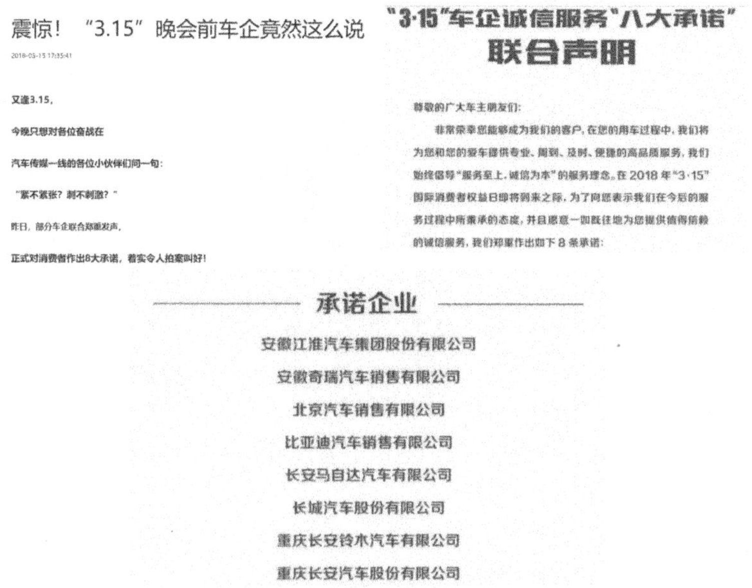

震惊！“3.15”晚会前车企竟然这么说

2018-03-15 17:35:41

又逢3.15，

今晚只想对各位奋战在

汽车传媒一线的各位小伙伴们问一句：

“紧不紧张？刺不刺激？”

昨日，部分车企联合郑重发声，

正式对消费者作出8大承诺，着实令人拍案叫好！

“3·15”车企诚信服务“八大承诺”

联合声明

尊敬的广大车主朋友们：

非常荣幸您能够成为我们的客户，在您的用车过程中，我们将为您和您的爱车提供专业、周到、及时、便捷的高品质服务，我们始终倡导“服务至上，诚信为本”的服务理念。在2018年“3·15”国际消费者权益日即将到来之际，为了向您表示我们在今后的服务过程中所秉承的态度，并且愿意一如既往地为您提供值得信赖的诚信服务，我们郑重作出如下8条承诺：

承诺企业

安徽江淮汽车集团股份有限公司

安徽奇瑞汽车销售有限公司

北京汽车销售有限公司

比亚迪汽车销售有限公司

长安马自达汽车有限公司

长城汽车股份有限公司

重庆长安铃木汽车有限公司

重庆长安汽车股份有限公司

图 2.26 “3.15”晚会前车企竟然这么说

五、凤凰新闻——以奖励机制为目标来撰写软文

凤凰新闻旗下的凤凰新闻 App，与一点资讯 App 相类似的是，它也运用了人工智能技术，根据用户兴趣及使用习惯推送内容，其中包含了专业团队编辑推荐的内容以及凤凰卫视的全部节目。

凤凰新闻的另一个特色是拥有 80 多个小板块，对用户的兴趣爱好进行全方位分析，能满足不同年龄段、不同生活环境的网友的需求。

营销案例

这里有一篇发布在凤凰新闻 App“热评榜”板块下的营销软文（见图 2.27），是对凤凰新闻 App 自身进行宣传的。案例利用人们对“奖励”这个活动的兴趣，撰写了一篇软文，并被收录到“热评榜”这个凤凰新闻 App 特色板块。“奖励”其实就是转发的另一种说法，凤凰新闻的老用户可以通过分享的方式让其他人下载 App，如果其他人注册成为凤凰新闻 App 用户的话，分享者就可以获得奖励。轻松转发还能赚钱，所以这个计划在推出的时候，就得到了网友广泛的关注和响应。

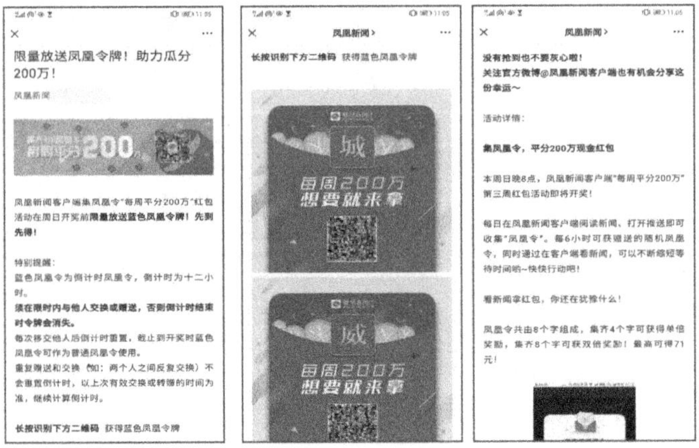

图 2.27　凤凰新闻营销软文

任务实施

【说一说】

请你选择一篇爆款 App 软文，说一说它具备的特点及受欢迎的原因。

____

____

____

【试一试】

小组之间分享各自关注的优秀 App，并试着相互评价。

____

____

____

实践策划

【写一写】

请你在小红书 App 以投放优质达人笔记的方式把某种护肤品推送给粉丝。发布笔记后，利用平台推送机制，让笔记快速传播给其他的用户，以增加热度。

____

____

项目 3　如何打造完美的 H5 版面

任务 3.1　H5 基础知识

学习目标

通过本节课的学习，你应该能够：

(1) 了解 H5 的基本概念。

(2) 了解 H5 的应用类型。

(3) 了解 H5 的行业潮流。

H5 概念感知

随着数字技术和互联网技术的不断发展，微博、微信、视频软件等新媒体已经充分融入了人们的工作和生活，并产生了重要的影响。新媒体技术的迅猛发展和移动终端的广泛普及，为广告表现技法、思维方式以及表现形式提供了新的思路，并造就了如今被媒体信息包围的社会生活空间。流行的新媒体技术“第五代超文本标记语言”(HTML5，以下简称“H5”)被巧妙地应用在微信内容和宣传中，已然成为人们了解时事、传播资讯、多元互动的重要媒介，成为极受企业品牌青睐的宣传形式之一。H5 页面的独特属性突破了时间、空间和表达方式的限制，给观者带来了超视觉、超感官以及超时空的体验。

H5 同样为网页提供了更多交互的可能，比如你可以在同一个页面中完成一个网页调查，然后直接分享给你的朋友圈好友。

图 3.1　再见 2 元的风景

图 3.1 是针对北京地铁票价调整制作的新闻专题页。这个流传甚广的煽情专题，也是一个 H5 页面，它为人们提供了一种流畅的图片浏览方式。

图 3.2 所示是 APEC 峰会举办期间推出的服装秀的 3 个界面。在这个应用中，新闻相关的人物将会变成试衣模特。例如你可以选择奥巴马当你的模特，然后给他换上各种服装。

图 3.2　APEC 服装秀

H5 可以更有效地组织互联网中的信息，让视频、音频等服务得到更好的支持，并在减轻开发者负担的同时，让用户在不同的平台上具有更一致的体验。

知识平台

一、H5 的基本概念

1.H5 的定义

H5 是万维网的核心语言、标准通用标记语言 HTML 经过第 5 次重大修改后的标准。该语言标准规范于 2014 年 10 月 29 日制定完成，它的出现将互联网推向了一个新时代。通俗地说，H5 是为了在移动设备上支持多媒体而开发的高级网页技术，适用于跨平台应用程序、视频、动画、图形、风格、排版和其他数字内容发布，在内容呈现上与 PC 端网页无异，如图 3.3 所示。随着以微信为代表的移动社交媒体的迅速发展和广泛应用，基于 H5 技术的内容和产品越来越流行。H5 之所以能引发如此广泛的社会效应，根本原因在于它不再只是一种标记语言，而为下一代互联网提供了全新的框架和平台，包括提供免插件的音视频、图像动画、本体存储以及更多酷炫且重要的功能，并使这些应用标准化和开放化，从而轻松实现类似桌面的应用体验。

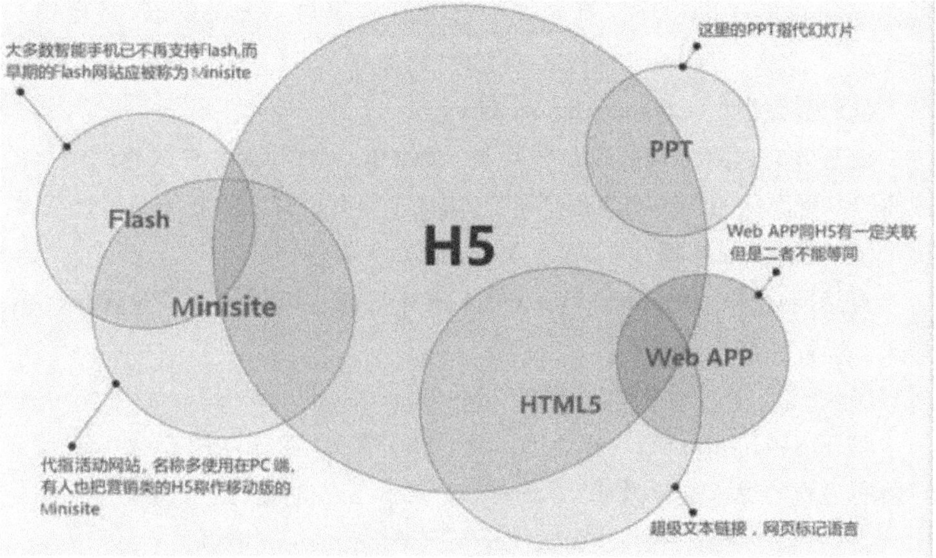

图 3.3　可视化 H5

2.H5 的基本组成

H5 = HTML + CSS + JavaScript，其中，HTML 指的是结构；CSS 指样式；JS 即 JavaScript，指的是行为。

以下是关于结构、样式、行为的理解：

结构——在整个网页中有标题，有列表，有图片等。

样式——标题文字的大小、颜色、字体，图片的大小，某块的背景色或背景图等。

行为——在网页上各处出现的广告；图片滚动；浏览淘宝时鼠标移动到商品时，放大商品的效果等。

3.H5 八大特性

(1) 语义特性 (Class: Semantic)。

H5 赋予网页更好的意义和结构。

(2) 本地存储特性 (Class: Offline & Storage)。

基于 H5 开发的网页 APP 拥有更短的启动时间、更快的联网速度，这些全得益于 H5 App Cache，以及本地存储功能。

(3) 设备兼容特性 (Class: Device Access)。

H5 提供了前所未有的数据与应用开放接口，使外部应用可以与浏览器内部的数据直接相连，例如视频影音可直接与 Microphones 及摄像头相连。

(4) 连接特性（Class: Connectivity）。

更有效的连接工作效率，使得基于页面的实时聊天、更快速的网页游戏体验、更优化的在线交流得到了实现。H5 拥有更有效的服务器推送技术。

(5) 网页多媒体特性（Class: Multimedia）。

支持网页端的 Audio、Video 等多媒体功能，与网站自带的 Apps、摄像头、影音功能相得益彰。

(6) 三维、图形及特效特性（Class: 3D、Graphics&Effects）。

基于 SVG、Canvas、Web GL 及 CSS3 的 3D 功能，用户会惊叹于浏览器所呈现的惊人视觉效果。

(7) 性能与集成特性（Class: Performance&Integration）。

H5 通过 XMLHttpRequest2 等技术，帮助开发者的 Web 应用和网站在多样化的环境中更高效地工作。

(8) CSS3 特性（Class: CSS3）。

在不牺牲性能和语义结构的前提下，CSS3 提供了更多的风格和更强的效果。此外，与以前的 Web 排版相比，Web 的开放字体格式（WOFF）也提供了更高的灵活性和控制性。

二、H5 的应用类型

在海外，H5 被用在响应式网站，或社交网站广告条及移动设备广告上，在中国，H5 被用于移动互联网广告、App 的闪屏、活动推广、微信、小游戏等方面。

1. H5 的游戏开发

H5 的游戏开发包括打飞机等简单的微信小游戏，也有白鹭 egret 引擎，还有 cocos2d-js 等。

2. 轻应用、Web App、微站

网站包括 PC 端和移动端，响应式网站适配不同的终端。H5 培训开发移动应用更加灵活。采用 H5 技术的轻应用、Web App 更容易被大众所认可，接受。

3. Hybrid App

指介于 Web App、Native App 两者之间的 App，它虽然看上去是一个 Native App，但只有一个 UI Web View，里面访问的是一个 Web App，比如街旁网最开始的应用就是包了个客户端的壳，其实里面是 H5 的网页，后来才推出真正的原生应用。

4. 基于微信平台的开发

微信开放 JSSDK 让 H5 的开发人员可以调用底层功能，实现扫一扫、添加卡卷、微信支付等操作。

5. H5 教程移动营销

游戏化、场景化、跨屏互动，H5 技术完美地满足了各大广告商的需求，从形式到功用、再到传播，只要是用户能想到的，没有它做不到的。

6. Web VR 让虚拟现实大众化

Web VR 就是通过 H5 教程来把虚拟现实内容嵌入 Web 页面中，谷歌、Facebook 等巨头都应用了这一功能。

7. 动漫

H5 技术的成熟，还将会带来动漫产业的升级，从而为用户们带来更场景化、更真实化的体验。

三、H5 发展前景

1. 行业优势明显

随着 H5 标准正式完成，基于 HL5 技术的 Web App 大量出现（Cordova、DCloud、Ionic、Weex、React 等），关于原生 App 与 H5 Web App 谁将成为未来的主宰，大家争论不休，也无法产生结论。但比之 App，H5 主要的优势十分明显：

（1）跨平台：一套 H5 应用，支持多平台（iOS、安卓甚至 WP 平台），这种强大的兼容性可以大大降低开发与运营成本，让企业特别是创业者获得更多的发展机遇。

（2）快速迭代：更新频繁的模块使用版本服务器端更新，用户使用的永远的都是最新的 App，用户用较少的流量就可以欣赏到炫酷的视觉和听觉效果。

（3）本地储存特性：更短的启动时间，更快的联网速度，而且无须下载占用存储空间，特别适合手机等移动媒体，客户端资源减少，从而节约用户存储空间。

（4）更容易推广：降低技术难度，减少开发工作量，缩短实施周期，用户接受程度高。

2. 新的趋势推动

2015—2016 年，W 公司几乎成为 H5 的代名词；

2016—2017 年，腾讯互娱的 H5 特别耀眼；

2017—2018 年，网易新闻成为 H5 的新代言人……

这个转变的背后，其实就是 H5 在逐渐由"营销广告"转变为"内容产品"。那么 H5 究竟还有哪些新的发展趋势呢？

（1）互动电影类找对路子。

2016 年，《活口》的出现，让我们看到了互动电影这种全新的内容载体。随后，腾讯互娱紧跟趋势，耗费巨资打造了"忘忧"系列作品，先后上线了《忘忧镇》和《忘忧酒馆》。

互动电影类 H5 真正适合的领域是影视类产品的推广和演绎，以图像为主的产品本来就拥有大量的优质影像和内容素材。如果影片的发行方能够在影片制作过程中，就考虑到 H5 类互动电影后期的相关推广事务的话，那么这样的推广方式将会远远胜过目前的海报和宣传视频的方式。

就在 2018 年底，我们也终于看到了为影视剧专门打造的 H5 互动电影《古董局中局之佛头起源》和《记忆重构》上线。

（2）内容产品类 H5 更有未来。

近年来刷屏量最大的 H5，不再是营销 H5 了，而是网易新闻制作的内容产品类 H5，这类 H5 的最大特点就是它既不是广告，也不是给客户做的商业项目。而除网易系列作品外，有一支 H5 不容小觑，即来自公众号"坏打印机"的"一千个设计师的融合饮料"，它采用 H5 为设计师提供趣味搜索功能，在设计圈获得了巨大的关注和认同，如图 3.4 所示。

图 3.4 “一千个设计师的融合饮料”H5

H5 作品在刷屏的同时，也创造了一种叫作“用户代理”的商业变现模式，并为团队和代理用户们创造了巨大的经济收益。

这类 H5 产品显然更受用户喜欢。在未来，产品类 H5 前景也会更广阔。

(3) 党政类 H5 迎来了爆发期。

在经历了“黄渤参加政府工作报告”“1 分钟漫游港珠澳大桥”“改革开放 40 周年”系列 H5 的刷屏之后，我们不难发现在国家层面，H5 的内容推广越来越被重视了，为什么政府会喜欢上做 H5？

在电视媒体、纸质媒体行业逐渐萎缩的当下，H5 作为一种综合性极高的内容展示方式，对新政策的解读、重大新闻事件的报告、重要节日庆典的推广和展示，都能起到非常好的传播作用。现代社会中，手机的用户数量要远远大于读报纸和看电视的人数。所以，为了能更好地和民众沟通，H5 就被政府重视了起来。

过去的官方新闻和内容太过传统，用 H5 的创意形式和官方内容结合，这样的 H5 更受广大用户的喜爱。

任务清单

(1) 理解H5的基本概念。

(2) 了解H5的优势有哪些。

(3) 了解H5可以运用在哪些场合。

任务实施

(1) 填空。

H5 = ________+ CSS + JavaScript，其中，HTML指的是结构；CSS指样式；JS即JavaScript，指的是行为。

(2) H5相比于App的优势有哪些？

____

____

____

(3) 填空。

在海外，H5被用在响应式网站，或社交网站广告条及移动设备广告上；在中国，H5被用在__________、__________、__________、__________、__________等方面。

任务 3.2　新媒体 H5 入门

学习目标

（1）了解 H5 新媒体特点。
（2）了解 H5 新媒体优点。
（3）了解 H5 新媒体使用场所和范围。

H5 新媒体感知

2019 年，为献礼中国人民共和国七十华诞，人民日报社新媒体中心在国庆节前后推出“我爱你中国”全媒体系列产品。其中，互动 H5 作品“56 个民族服装任你选！快秀出你的爱国 Style”大放异彩。

第一，该作品弥补了视频互动性不足的问题。“我爱你中国”系列作品的主题 MV《我爱你中国》由来自 56 个民族的群众共同演唱。考虑到视频互动性有限，就设想再制作一款同主题的互动 H5，让网友能够通过“换装”体验 MV 中各民族的服饰文化。

第二，该作品发掘了民族间的情感要素，激发情感共鸣。因为这一 H5 作品推出的时间正好是中华人民共和国成立 70 周年大庆期间，新媒体中心就特别设计了人物脸上的国旗贴纸，让各族网友们通过这种方式来表达对祖国的无比热爱和深情祝福。经过精心筹备，人民日报社最终与互联网企业合作推出了这款互动 H5，并取得了较好的网络传播效果。

第三，保证了设计的独特性。如图 3.5 所示，为了向中华人民共和国七十华诞献礼，中央各主流媒体结合自身优势，积极创新传播方式，从不同侧面、不同角度，以不同形式呈现了中华人民共和国成立 70 年特别是党的十八大以来的历史性巨变。新媒体中心相继推出“我爱你中国”系列产品，产生了广泛的社会影响。其中，互动 H5 作品“56 个民族服装任你选！快秀出你的爱国 Style”浏览量近 2 亿次，用户自主生成了 7 亿多张照片。这些作品不仅弘扬了中华优秀传统文化，更表达了中华儿女凝心聚力奋进新时代的爱国热情，生动展现了“中华民族一家亲、同心共筑中国梦”的时代风貌。另外，人民日报社新媒体中心该系列产品主创熊捷，挖掘了这7亿多张爱国“民族照”背后的故事，探究融媒体时代民族新闻宣传传播手段和话语表达方式的创新路径。这开创了快速传播的一条新道路。

任务清单

(1) 回答问题：为什么要做H5页面？H5新媒体有什么特点？

(2) 了解H5使用场所和范围。

知识平台

一、H5新媒体的优势和特点

H5新媒体包括文字、图片、音乐、视频、链接等多种形式，其丰富的控件、灵活的动画特效、强大的交互应用和数据分析功能，使它能高速低价地实现信息传播，而且非常适合通过手机来展示、分享信息。H5新媒体也因其灵活性高、开发成本低、制作周期短的特性而成为当下微信营销的不二利器。

1.H5新媒体的特点

(1) 互动性。

与传统广告相比，H5页面最显著的特点就是互动性，包括人与设备、设备与设备之间的互动。多样的互动形式刺激着人们的感官，使受众的自主性与选择性大大加强。用户角色由信息的接受者向“操纵者”转变，通过多向的互动方式，受众的参与感与体验感得到强化，从而使广告传播效果进一步提升。

(2) 跨平台性。

在H5技术的支持下，H5页面几乎可以在现有任何一个智能终端平台中展示，还可以兼容iOS、安卓等移动操作系统。目前，H5广告凭借其多样化的形式与跨平台性等优势被大量投放在网络应用中。

(3) 引导性。

相较于传统媒体而言，视觉元素具备着更深刻的引导价值。H5通过视觉元素逐级指引用户操作，并在和用户的互动过程中，引发用户极强的参与感与成就感，进而促使受众消费。

（4）差异性。

在大数据的时代背景下，基于信息流投放的 H5 更具有针对性。用户浏览资讯的同时，平台对个性化的浏览行为、操作习惯和信息需求进行收集与运算，快速洞察用户兴趣内容，了解用户意图，从而针对不同的目标用户投放相应的内容。依据受众偏好，H5 的投放与接收具有差异性。这类 H5 会随着用户刷新而更新。

（5）移动性。

基于移动终端设备的普及和 H5 技术的支持，H5 不再受到使用场景的限制，而是突破了时间与空间的局限，使受众能够随时随地获取广告资讯，并及时对广告信息做出反馈。

（6）社交性。

新媒体的不断融合为 H5 的发展带来了更多可能。根据用户的社交链，利用社交平台进行传播成为广告商的最佳选择。受众接收到喜爱的信息后可以一键分享给其他用户、社群，使信息在用户之间不断流转，得以高效传播。

2.H5 新媒体优点

H5 页面中以文字、图片、动画、声音等相结合的媒体形式的出现，给用户带来了全新体验，H5 技术本身带来的新奇感让人们眼前一亮。它不仅可以在电脑上使用，也可以在智能手机、平板电脑等移动终端使用，适用面广泛，很受客户欢迎。H5 新媒体具有以下优点。

（1）强大的绘图、3D、特效、视频、动画、音乐等多媒体应用，给用户带来极好的视听体验；

（2）本地存储功能可缩短网页启动时间，加快访问速度；

（3）优良的交互性，符合互联网社交分享和移动信息传播的规律；

（4）维护方便，对内容的修改可实时同步到已发布的网页中；

（5）操作简便，掌握和使用门槛低，很多网站提供免费的制作模板。

二、新媒体 H5 的使用场景

新媒体 H5 的使用场景十分广泛，常用于以下场景中。

（1）商业展示。如企业宣传、产品展示、品牌传播、优惠促销、企业招聘等。

(2) 会议活动。如会议、展览会、发布会、活动等。

(3) 数字出版与教育。如电子杂志、多媒体课件、培训课程等。

(4) 电子贺卡。如商业贺卡、节日贺卡、生日贺卡、祝福卡等。

(5) 个人应用。如个人秀、婚礼邀请、聚会 Party、求职简历等。

H5 页面模板很多，如图 3.5 所示，制作者可以根据不同内容来选择不同的模板。

图 3.5　H5 页面模版

任务实施

(1) 填空。

H5 页面中以________、________、________等相结合的媒体形式的出现，给用户带来了________体验，技术本身带来的新奇感让人们眼前一亮。它不仅可以在________用，也可以在智能________、平板电脑等移动终端使用，适用面________，很受客户欢迎。

(2) 新媒体 H5 的使用场所有哪些?

____

____

(3)“56个民族服装任你选! 快秀出你的爱国 Style”为什么会成为“我爱你中国”全媒体系列中，在国庆期间刷屏的“爆款”产品?

____

____

____

任务3.3　新媒体H5制作准备

学习目标

通过本节课的学习，你应该能够：

(1) 掌握如何开始创建作品。

(2) 具有选择模板的专业性。

(3) 了解应先构思制作页面的布局。

(4) 学会搜集素材，为添加素材（主要是图片）做好准备工作。

H5制作感知

案例：央广两会报道H5“王小艺的朋友圈”成为“爆款”。

2017年两会期间，中央人民广播电台推出了“央广主播朋友圈里都有啥？”“@你央广主播王小艺的朋友圈又更新啦”等场景视频H5，通过微信公众号、微信群、朋友圈广泛传播，如图3.6所示。用户点击该链接后，犹如进入了真正的微信朋友圈，在一个全屏模拟朋友圈的画面中，央广主播王小艺就站在朋友圈的右下角，通过肢体动作（滑动朋友圈、点击）和口头播报解读一条条朋友圈信息。虽然不是用户亲自点击，但是王小艺点击朋友圈图片的放大效果、点击朋友圈视频的播放效果，与用户自己的点击感受完全相同，没有丝毫违和感。首期H5推出后，用户点击量就超过100万。一个“朋友圈”就能达到100万的点击量，这是为什么呢？

究其原因，这一H5作品具有以下优点。

(1) 技术上，场景化浸入式报道更易引人入胜；

(2) 视觉上，竖屏视频更符合社交媒体时代人们的最佳浏览体验；

(3) 意识效果上，叠加合成技术进一步融合了场景。

“王小艺的朋友圈”中的“王小艺”，其实就是替代用户实现交互意愿的代言人，观看此H5的每一个人都是一个“王小艺”。这一H5作品是创作团队结合用户意愿以及制作需要综合考量、量身定制的杰作。

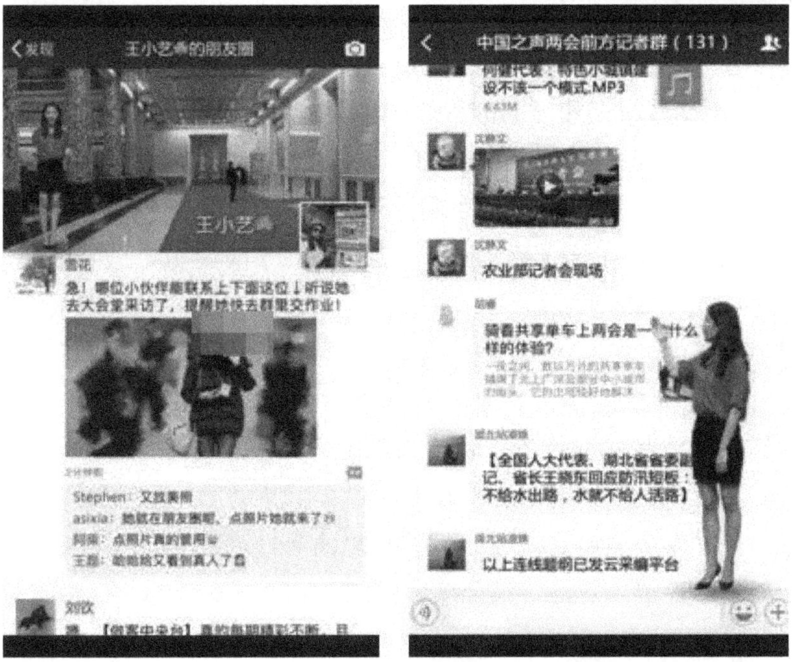

图 3.6 “王小艺的朋友圈”H5 作品截图

任务清单

(1) 制作 H5 新媒体的素材。

(2) 学习如何获得所要的图片和内容素材。

(3) 选择专业模板的准备。

(4) 做好文案的描写及内容的搜集准备。

知识平台

多媒体广告的内容要新颖别致，还要“对症下药”，要恰到好处，方可入读者的眼并进入读者的心。H5 是当代媒体时代传播效果最好的广告制作形式之一。“易企秀”就是其中的一个，下面就给大家介绍“易企秀”H5 的制作教程。

一、制作 H5 新媒体的素材

H5 素材种类众多，制作前首先要分门别类，以便于好管理、好寻找、好收集。我们可以利用易企秀的模板把素材分类保存，使制作时更加便捷。

H5页面类型可以按照内容分为邀请类、理财类、喜报类、招聘类等。它的展示形式多种多样，如以文字（更可以是艺术字）形式展示的、以图片形式展示或以背景动画加文字动画形式出现等。

为了拥有丰富的素材用于制作，创作者在平时要留心做好收集素材的工作。

二、获得所需的图片和添加素材

我们要制作教育类广告，就要找桌椅、教室、老师、学生、黑板、笔等相关的图片；制作招聘人才类广告，就要找人才类、创业类字样的艺术字体图片；制作邀请函类广告，就要找里面有邀请字样的图片或者有邀请意味的场景图片等。总之，我们获取的图片和素材，要做到文图对题。

三、选择专业模板

准备专业性的模板应具备一定的专业才能，同时要花费大量的时间，这与平时积累的素材质量的高低也有很大的关系。

H5布局类型可以根据内容来进行排版，或者把重点要表现的内容以有突出感、层次感的画面依次展现。

四、文案制作

文案是多媒体广告制作重要的环节，要做到信息全面，更要简单明了。简而言之，文案要让读者、观者快速了解作品所要表达的意图。

任务实施

(1) 填空。

H5多媒体制作需要准备________、________、________等基本素材。文案是多媒体广告________很重要的环节，要做到________全面，更要________明了。

(2)“王小艺的朋友圈”中的“王小艺”是怎样的一个代言人?

(3)请从三个方面说出“王小艺的朋友圈”的制胜之处。

任务 3.4　利用易企秀制作新媒体 H5

学习目标

通过本节课的学习，你应该能够：

(1) 学会用户注册。

(2) 选定一个合适的模板。

(3) 编写文案，调整页面的先后顺序。

(4) 把选好的图片素材放到一个文件夹中。

(5) 编辑文本。

(6) 更换图片并编辑图片样式、跳转及动画。

(7) 设置各材料的动画特效。

(8) 添加背景音乐和编辑分页。

H5 新媒体制作感知

一个好的新媒体作品，要做到图面扣题，文本内容紧扣主题。主题是作品的灵魂，而让人过目不忘的图片和动画是一个优秀媒体作品的主体。时间、地点、事件是作品的主题，而这个事件的展示是作品的关键。让事件展示得淋漓尽致，让主题更加突出，是一项有技巧的工作。

比如，某家房地产公司想做一个主题为在线招聘的信息类媒体广告。人才招聘是该媒体广告最主要的内容，其次才是动画效果和与广告主要内容相对应的图片、背景和修饰图案等。

易企秀是一个制作以动画模板为主的多媒体广告的软件。它采用目前较流行的、传播较广泛的形式，用户可以直接复制一个链接，使用微信、QQ 等平台直接发送，其他用户直接点击就可以打开观看，在图文并茂的形式中获取相关信息。

找一找，下面这个易企秀作品（图 3.7）有什么优点？

YOUR LOGO
携手并进
共创未来
北京房地产公司人才招聘会
WELCOME TO JOIN US
寻/找/发/光/发/亮/的/你
虚 位 以 待 期 待 加 入

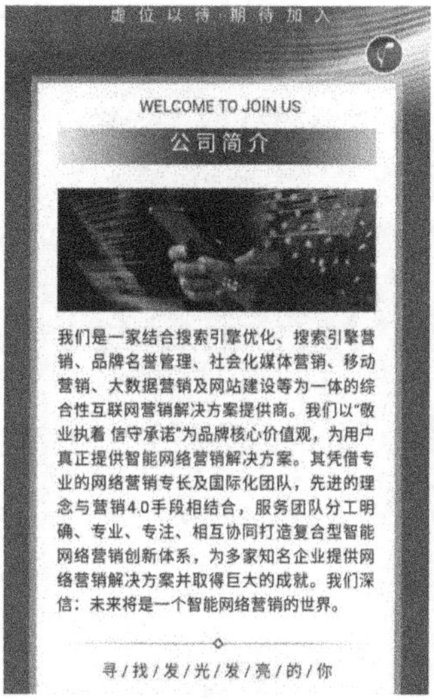
虚 位 以 待 期 待 加 入
WELCOME TO JOIN US
公司简介
我们是一家结合搜索引擎优化、搜索引擎营销、品牌名誉管理、社会化媒体营销、移动营销、大数据营销及网站建设等为一体的综合性互联网营销解决方案提供商。我们以"敬业执着 信守承诺"为品牌核心价值观，为用户真正提供智能网络营销解决方案。其凭借专业的网络营销专长及国际化团队，先进的理念与营销4.0手段相结合，服务团队分工明确、专业、专注、相互协同打造复合型智能网络营销创新体系，为多家知名企业提供网络营销解决方案并取得巨大的成就。我们深信：未来将是一个智能网络营销的世界。
寻/找/发/光/发/亮/的/你

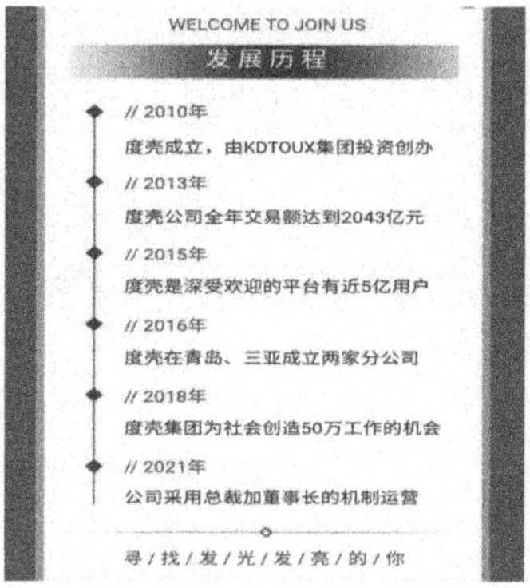
WELCOME TO JOIN US
发展历程
// 2010年
度壳成立，由KDTOUX集团投资创办
// 2013年
度壳公司全年交易额达到2043亿元
// 2015年
度壳是深受欢迎的平台有近5亿用户
// 2016年
度壳在青岛、三亚成立两家分公司
// 2018年
度壳集团为社会创造50万工作的机会
// 2021年
公司采用总裁加董事长的机制运营
寻/找/发/光/发/亮/的/你

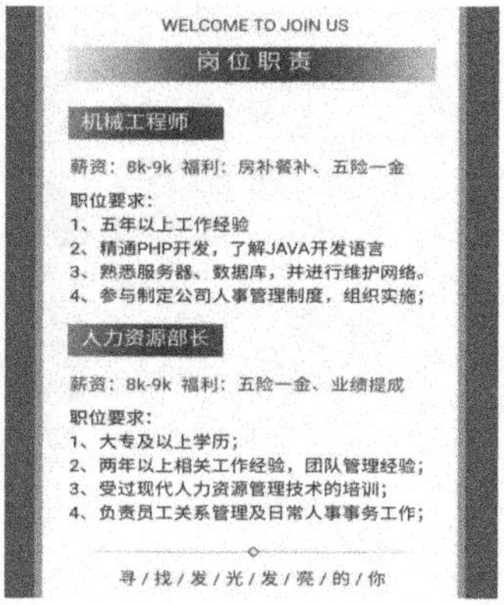
WELCOME TO JOIN US
岗位职责
机械工程师
薪资：8k-9k 福利：房补餐补、五险一金
职位要求：
1、五年以上工作经验
2、精通PHP开发，了解JAVA开发语言
3、熟悉服务器、数据库，并进行维护网络。
4、参与制定公司人事管理制度，组织实施；
人力资源部长
薪资：8k-9k 福利：五险一金、业绩提成
职位要求：
1、大专及以上学历；
2、两年以上相关工作经验，团队管理经验；
3、受过现代人力资源管理技术的培训；
4、负责员工关系管理及日常人事事务工作；
寻/找/发/光/发/亮/的/你

WELCOME TO JOIN US
招聘职位
·技术类招聘职位·
1 房屋户型设计师（3名）
2 工程项目管理人员（2名）
3 建筑工程师/总工（5名）
·销售类招聘职位·
1 渠道经理/总监（2名）
2 销售经理/主管（3名）
3 外贸专员/助理（5名）

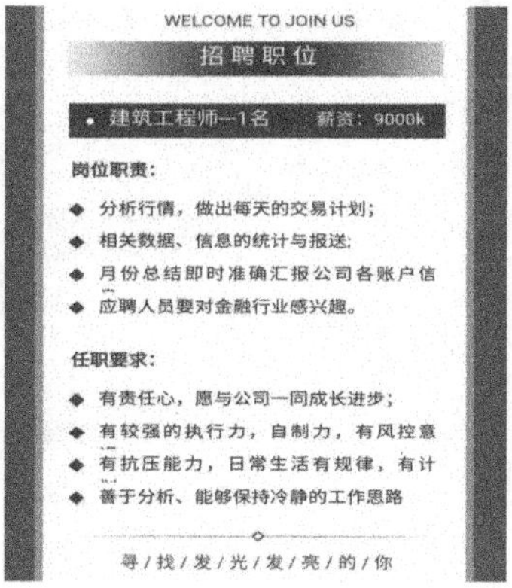
WELCOME TO JOIN US
招聘职位
• 建筑工程师—1名 薪资：9000k
岗位职责：
分析行情，做出每天的交易计划；
相关数据、信息的统计与报送；
月份总结即时准确汇报公司各账户信
应聘人员要对金融行业感兴趣。
任职要求：
有责任心，愿与公司一同成长进步；
有较强的执行力，自制力，有风控意
有抗压能力，日常生活有规律，有计
善于分析、能够保持冷静的工作思路
寻/找/发/光/发/亮/的/你

WELCOME TO JOIN US
福利待遇
企业年终奖励丰厚待遇
公司弹性工作环境舒适
企业六险一金体检福利
企业年会福利年终奖金
企业免费生日派对旅游
企业年终奖励丰厚待遇
WE NEED YOU
加入我们·成就梦想
寻/找/发/光/发/亮/的/你
WELCOME TO JOIN US
公司环境
寻/找/发/光/发/亮/的/你
WELCOME TO JOIN US
团队风采
寻/找/发/光/发/亮/的/你
WELCOME TO JOIN US
公司地址
朝阳区
去这里
拨打电话
邮箱 /
电话 / 0000-66666666（王经理）
地点 /
寻/找/发/光/发/亮/的/你
WELCOME TO JOIN US
在线报名
姓名
应聘职位
请输入手机号
验证码
获取验证码
工作经验
提交
寻/找/发/光/发/亮/的/你
WELCOME TO JOIN US
联系我们
扫描二维码升级会员
商城模板免费用
点我查看更多作品
购买后请先复制一份再修改
此模板所有文字图片均可修改
音乐可替换
页面可复制可删除
代改、定制服务
联系设计师QQ：

图 3.7　易企秀作品示例

图 3.7 所示作品中，关于公司的介绍内容十分全面，主题突出，模块划分清晰，附图和文本内容紧扣主题。

以下对该公司的招聘广告制作过程进行拆解，以便大家了解易企秀。

第一步：注册一个易企秀账号。

第二步：在注册好的易企秀账号里找一个免费模板。

第三步：先构思，再准备公司介绍、实地图片等来展示公司环境、福利待遇等。

第四步：开始按照上节课的步骤来一步一步制作，以下是制作包含的基本板块，如表 3.1 所示。

表 3.1　易企秀作品解析

内容	制作意图
	让应聘者了解企业的基本信息、招聘岗位以及岗位职责。

续表

<table>
<tr><th>内容</th><th>制作意图</th></tr>
<tr><td>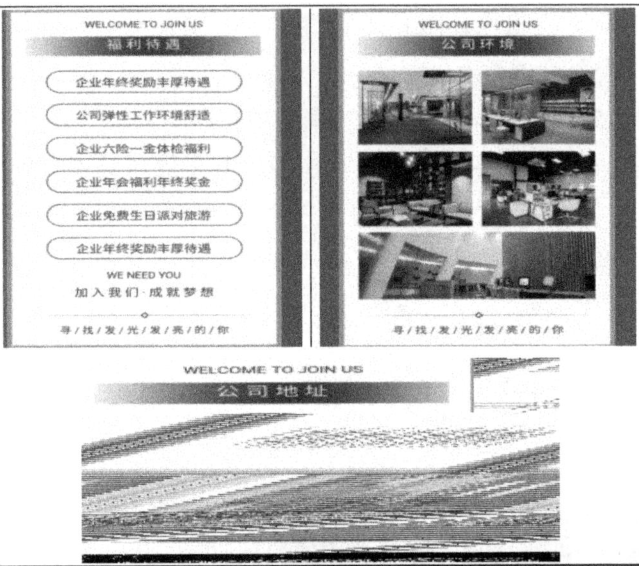
</td><td>展示公司待遇、环境、团队精神样貌，增强对应聘者的吸引力。</td></tr>
<tr><td>
</td><td>此处留下多方联系方式，便于应聘者与公司取得联系。</td></tr>
</table>

看了这些，你是否已经初步了解易企秀了呢？

任务清单

(1) 了解熟悉 H5 常用制作工具。

(2) 准备好要做易企秀的模板、图片素材。

(3) 使用易企秀制作 H5 场景。

知识平台

一、制作前的准备工作

推荐使用谷歌、360、搜狗等浏览器来搜索场景制作工具。制作前准备好音乐、图片和文字等内容。

1. 使用浏览器搜索“易企秀”(见图 3.8)

图 3.8　搜索“易企秀”

2. 点击页面链接并注册(见图 3.9)

图 3.9　易企秀官网账号注册

3. 新用户注册步骤

(1) 先在右上角点击，注册一个自己能长期记住的户名，以便把自己所做的作品，长期保存下来(注册户名步骤不作详细介绍)。

(2) 用 qq 和微信账号都可以注册，界面如图 3.10 所示。

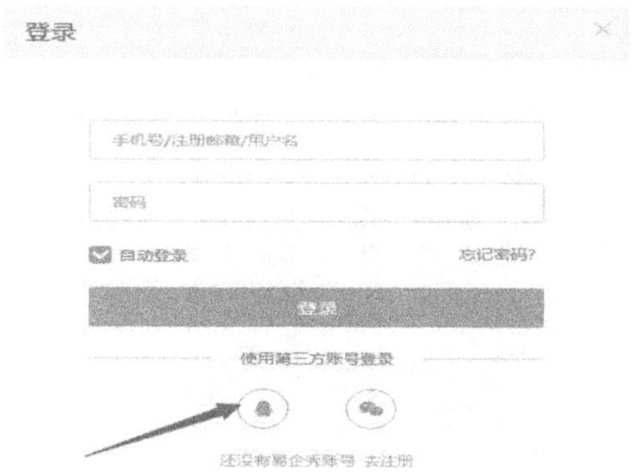

图 3.10　注册界面

(3) 最好绑定手机，若时间长了，忘记了账号，可以用手机验证来重新找回。

(4) 点击进入制作 H5 场景制作界面，如图 3.11 所示。准备好一切要制作的素材后，找到自己满意的模板，点击使用。官网提供大量免费模板，付费后可获得更好的模板。

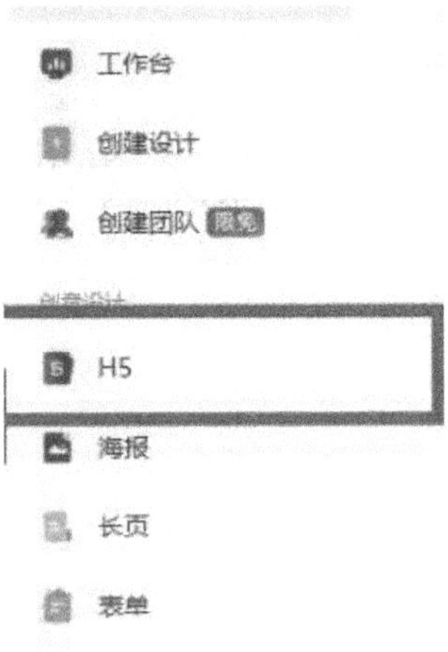

图 3.11　进入制作 H5 场景制作界面

4. 运用网站功能，制作 H5

任务场景：2022 年 2 月 22 日 10:00，Y 市将举办一场商务会议论坛峰会，请为与会者制作邀请函。

(1) 选择适配模板。

模板界面如图 3.12 所示，根据本次主题——“邀请函”选择适配的 H5 模板，即第一个。

图 3.12　模板界面

点击选中模板后，继续点击“免费制作”，如图 3.13 所示。

图 3.13　免费制作界面

接下来便可直接进入制作界面(如图 3.14 所示)，开始操作流程。

图 3.14　制作界面

(2) 构思页面布局。

正式制作前，需要先构思自己想要表达出来的内容，并对内容进行先后顺序排列，以避免制作时反复修改，反复移动图片，而增加不必要的工作量，浪费大量的时间。

设计者需要具备一定的提炼信息和表达信息的能力，这是至关重要的，构思是 H5 内容策划的核心能力，要在参考模板的基础上，进行综合性布局。这样就能在最少的篇幅中，表达出自己想要表达的全部思想和内容。例如，在做邀请函时，我们一般会通过以下步骤进行展示。

首页，可选择如图 3.15 这样有醒目“邀请”字样，背景图案极具吸引力，可表现出发表者意图的页面。

图 3.15　首页

第二页，开题要简明扼要，把主题思想和内容表达清楚（如图 3.16）。

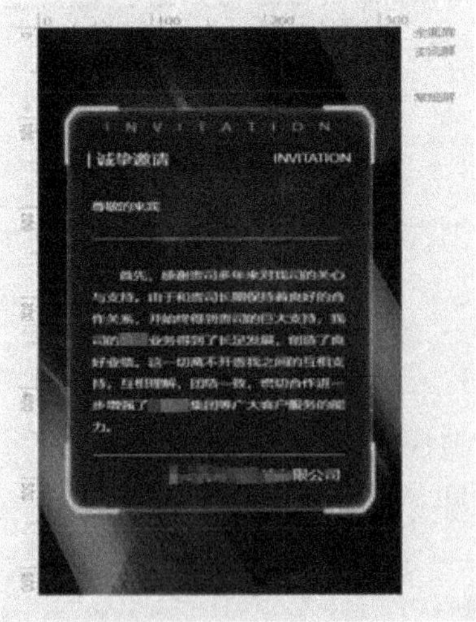

图 3.16　第二页

第三页，对会议承办公司进行介绍，阐述其基本背景（如图 3.17）。

图 3.17　第三页

第四页，列表，清楚明了地说明会议日程的相关安排（如图 3.18）。

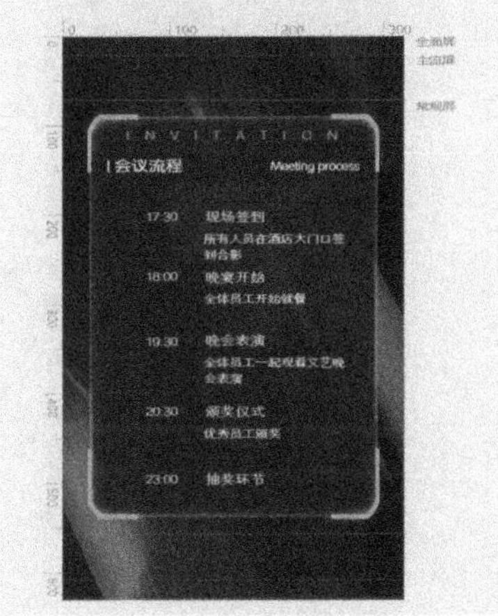

图 3.18　第四页

第五页，用简洁的语句展示会议详情，如活动主题、活动时间、联系人等（如图 3.19），第六页可以适配一个导航地图，有助于与会者找到会议场地（如图 3.20）。

图 3.19　第五页

图 3.20　第六页

第七页，提交简单的报名表格（如图 3.21 所示），也可以用图文并茂的方式呈现出来。这块内容可以自由发挥，尽量让被邀请者感到赏心悦目，产生想到场来一看究竟的念头。当然，还可以再添加页数，呈现出更多内容。

图 3.21 第七页

(3) 搜集适配素材。

做好一个有传播力的邀请函，搜集素材是关键的一步，素材可以是美好的句子、诗句。当下的邀请函大多图文结合，可以让读者有身临其境的感受，以更好地发挥宣传效果。

①基本要素

组成素材的要素很多，最基本的有图片、文本、音乐、背景。在制作过程中，还要学会上传、剪切、更换、放大和缩小图片，以及复制、删除等操作。

②基本操作

基本操作主要包括：打开制作页面、退出制作页面、复制页面、删除页面、页面排序、保存作品、发布作品等。

其中，“保存作品”操作尤为重要。作品制作完成后需要及时进行保存，以避免文件因各种未预料到的因素，在未完全保存的情况下丢失，导致前期工作作废，这是制作者最不想见到的结果。

二、制作并分享邀请函

1. 编辑文本

“编辑文本”操作一般从标题开始，如图 3.22 所示，有标题 1、标题 2、标题 3、正文栏目，可以根据内容所需进行点击，页面上就会出现各种样式，这时就可以编辑想要的内容。

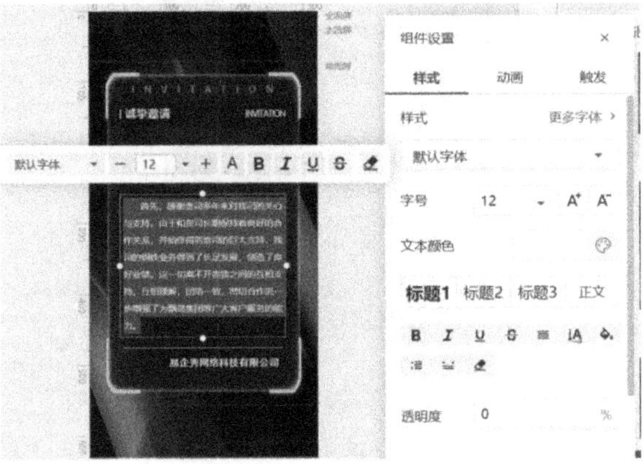

图 3.22 编辑文本（1）

同时，下拉选框会出现边框、阴影、边距等项目，可以为文本编辑不同的样式，如图 3.23 所示。

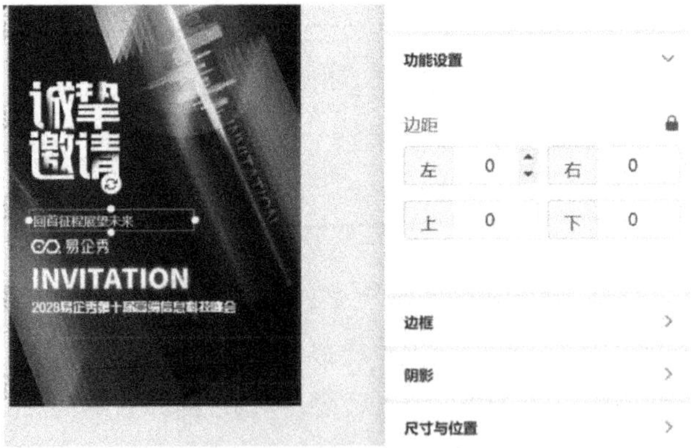

图 3.23 编辑文本（2）

关于文本编辑的相关操作，上文说得较为简单，但如何根据页面设置来确定相关文字的位置，调试字体大小及类型，以达到美化版面的目的，在实操上是有一定难度的。

2. 更换图片并编辑图片样式、跳转及动画

(1) 最活跃的元素——图片。

下面先讲解换图步骤，准备好自己想要的图片，放置于电脑某个文件夹里；再打开易企秀制作页面，点击页面中已有的图片（如图 3.24 所示），接着点击“更换图片”字样，就会出现图片库，点击本地上传，再点开图片所在文件夹，找到并点击要上传的图片，图片就会上传到你所要放置的位置。

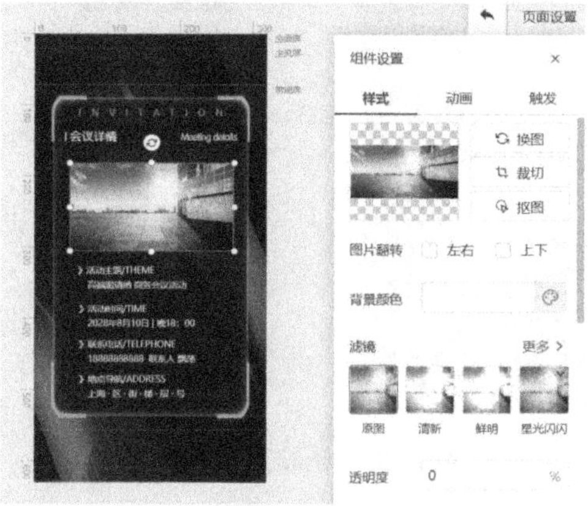

图 3.24　模板

若对图片形状有裁切需求，可点击“图片裁切”，再在“裁切形状”栏中选择想要的形状，选择相应的裁切比例，点击“确定”即可（如图 3.25 所示）。

图 3.25　图片裁切

(2) 跳转及动画。

通过设置跳转及动画效果，可使广告画面变得活跃。以图片动画效果为例，通过“组件设置”中的“动画”一栏，可设置画面停留时间、进入效果、播放次数和方式等（如图 3.26 所示），使图片呈现效果更为生动。

图 3.26　跳转及动画设置

3. 设置背景音乐

为使邀请函更有可读性及观赏性，可以插入背景音乐，以烘托氛围。先打开页面管理，再点击竖行上的音乐符号，进行相应设置（如图 3.27 所示）。

图 3.27　添加背景音乐

4. 设置翻页效果

若要对邀请函翻页效果进行设置，可以点击页面最右侧代表翻页的小图标（如图 3.28 所示），根据栏目所示选择适配的翻页效果。

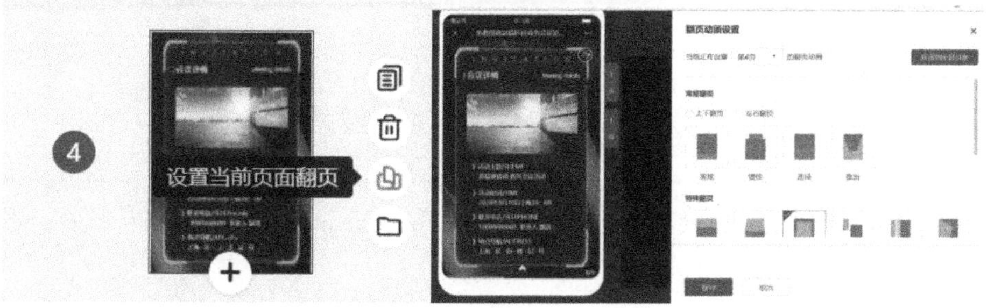

图 3.28　设置翻页效果

5. 作品分享

完成作品后，可将其分享给他人，进行大范围转发传播。点击制作页面的右上角的“发布”(如图 3.29 所示)，审核通过后，会出现如图 3.30 所示的预览页面，点击“复制链接”，可将链接信息分享到微信、QQ、微博等平台上，别人点开链接即可看到完整邀请函页面。

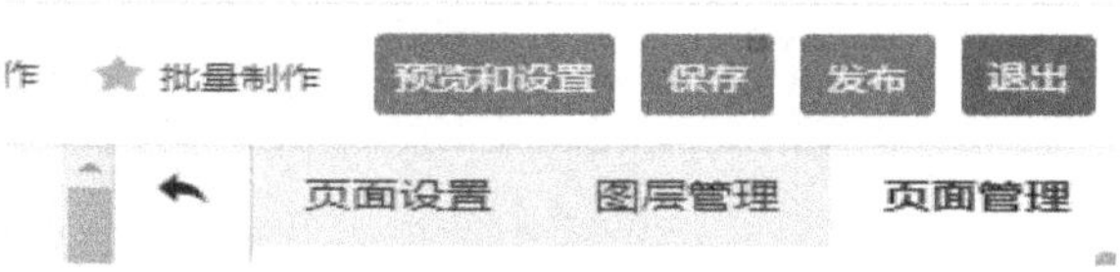

图 3.29　发布作品

图 3.30　分享作品

任务实施

(1) H5页面可以按照内容分为很多类型，请简单说出几类。

____

(2) 活学活用是学习的最终目标，课后请各位同学用易企秀制作一份邀请函。

____

任务3.5 互动H5制作中的视觉语言

学习目标

(1) 了解H5广告视觉与听觉的关系。
(2) 了解H5广告视觉与触觉的关系。
(3) 了解H5设计的视觉图形组合。

视觉效果感知

H5广告最为典型的特征就是将信息载于人机实时交互的过程中。实时互动的实现使得广告受众不再是被动的接收者，而是充分发挥了其主观能动作用，使其积极参与到广告传播过程中来，成为传播信息过程中关键的一环。对于H5的制作来说，良好的视觉效果也是十分重要的。本章将结合视觉、听觉、触觉这三种感官，探究如何运用视觉元素丰富H5广告的交互方式，给用户带来更好的互动体验。

案例：测一测你的远古星球（图3.31）

亮点：

(1) 创意定位：测试类作品，通过回答关于宇宙穿梭的问题生成属于自己的星球海报，海报上有出品方LOGO，加深用户对品牌的印象。

(2) 策划逻辑：点击导语页面的触点，进入面对银河系的飞船驾驶舱视角，根据提示长按触点拉动驾驶杆启动飞船，来到一个星球，回答问题：选一样物品带去你的星球，出现黑洞会怎么办？听到声音会怎么判断？眼前突然黑暗会怎么认为？预测回到自己星球的情景等。用户回答后输入名字就可以生成海报，上面会展示用户名、星际编号、星球名字和介绍，用户可重新测试或分享海报。

(3) 视觉设计：用身处驾驶室的视角引导用户进入作品情境，飞船起飞后在星河穿梭，将要到达的星球在窗外逐渐变大，每个星球有不同的造型和颜色，从而使用户保持视觉上的新鲜感。

(4) 交互形式：用户选择答案后要点击“继续飞行”进入下一阶段飞行，回答题目，点击前可修改答案。

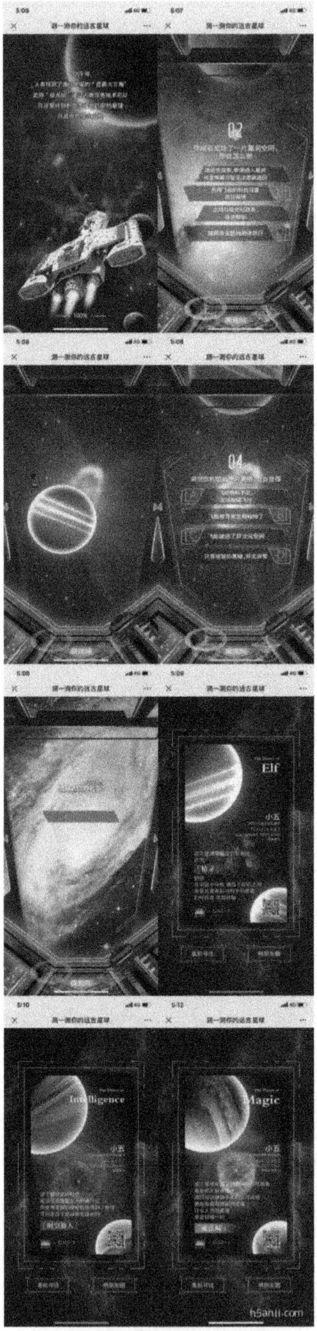

图 3.31　测一测你的远古星球 H5 产品

任务清单

(1) 声音对于H5广告传递信息有什么帮助?

(2) 人们的日常操作习惯如何影响H5广告的视觉元素安排?

知识平台

一、H5广告的多重感官体验

唐纳德·诺曼(Donald Arthur Norman)曾提到,“在本能水平上,物理特征——视觉、触觉和听觉——处于支配地位……本能水平与最初的反映有关”。H5广告将冗杂的广告信息凝练成简约的视觉符号,通过视觉画面、声音传播、动作反馈相结合的方式呈现给用户,用户无须再阅读大篇幅的文字便可轻松获知广告内容。

1.H5广告的视觉与听觉

音频可以帮助H5广告传递信息,并在一定程度上影响受众的情绪。H5广告主要是利用语音和背景音乐的方式突出主题信息,用听觉辅助视觉元素,提供广告线索,传达广告内容。在音频与文字的组合的基础上,配有视觉形象的演绎,是视频类广告最常见的形式。制作者通过调节音频节奏、声音大小、节拍强弱,可以为广告渲染多样的情感氛围,使受众产生由听觉到情感的共振。不同的音乐风格也会让受众产生不同的联想,在一定程度上影响受众的情绪。声音有时还会成为H5广告信息的主要载体形式。比如,图3.32所示的“朋友圈广播找人”中的视觉元素,主要是引导受众接收音频信息,广告内容存在于音频之中。除此之外,许多特定品牌通过音频来与其他品牌区分开来。比如诺基亚铃声。这类具有品牌对应关系的音频,与视觉语言一起建构起H5广告的品牌识别系统,传达品牌信息的同时,还增加了品牌的附加价值。

图 3.32　H5 广告“朋友圈广播找人”

声音可以辅助视觉元素给予用户反馈。广告主可以通过设置提示音的方式，告知用户是否实施了符合预期的操作，为用户浏览广告的各个阶段提供即时、必要、积极的反馈。视觉与听觉相结合的反馈方式，能让用户采用最便捷的方式完成选择。声音反馈在 H5 广告互动过程中担任非常重要的角色，如在 VR 场景中，声音反馈常常优先于文字元素为用户提供广告线索。另外，在游戏类 H5 广告中，选择合适的声音对游戏的顺畅进行也起到极其关键的作用。广告主在利用声音给予用户反馈时，应注意避免反馈过度，以免抢占了主题信息的传播，甚至给用户带来不必要的困扰。

当视觉元素的设计不足以引起用户兴趣时，声音可以辅助视觉元素吸引用户的注意力。特定情况下，特殊人群需要纳入广告主的考虑之列，当其无法使用视觉获得广告信息时，广告主就需考虑利用其他感官使该受众群体获得信息，声音便成为最佳选择。另外，在信息碎片化时代的背景下，声音的有效运用可以将碎片化的时间在观者的潜意识中串联起来。

2.H5 广告的视觉与触觉

用户会根据视觉对象的特征判断其预设用途。若想让广告受众实施具体交互操作，视觉元素应按用户以往的操作习惯设计成易被用户感知的形式，以确保用户能充分与之互动。各类视觉元素都可能成为引导用户实施操作的线索。例如，在指引用户进入下一页面时，可使用具有指引性质的箭头形状；引导用户点击时，可以通过对点击按钮加粗、添加阴影、突出色彩的方式进行差异化；利用文字引导用户互动，是最为直接、准确且有效的方式。总而言之，保证用户有效互动的前提，就是通过视觉元素为人们提供采取动作的线索。

用户通过视觉元素得到如何操作的线索后，便开始实施动作。一般来说，人们通过日常操作习惯实施操作，再通过感官获得反馈。H5 广告通过触觉给予用户反馈，这是其区别于其他广告形式的特殊属性，也是广告传播中促进双方互动的重要方式。就人们的操作习惯而言，史蒂文·霍伯（Steven Hoober）的研究显示，日常生活中人们主要是用单手拿手机，再用拇指点击和滑动手机页面，如图 3.33 所示。

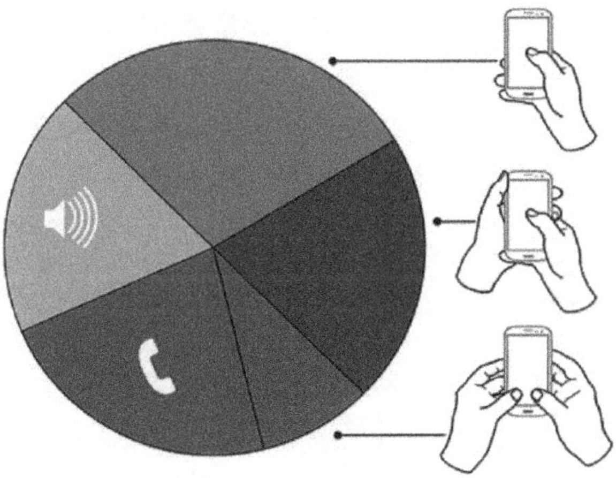

图 3.33　Steven Hoober 手机手持习惯研究

不仅如此，研究中还提到了智能手机屏幕哪些区域是容易被测试者点击的。如图 3.34 所示，区域 1 是使用者可以轻松触摸到的区域；区域 2 是需使用者拇指延伸到达的区域；区域 3 是需要用户改变握持姿势才能触及的区域。

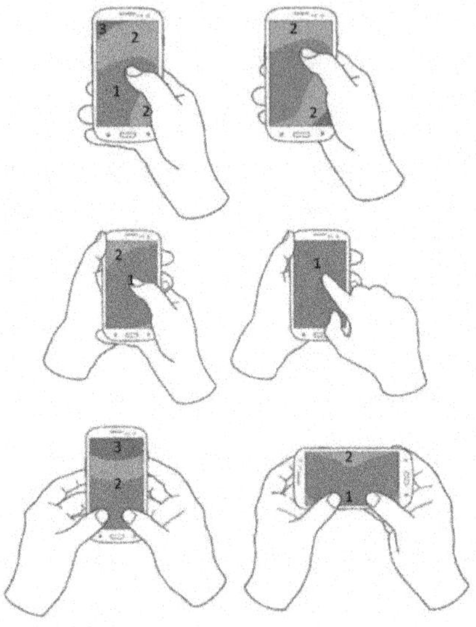

图 3.34 Steven Hoober 屏幕触及区域研究

人们的日常操作习惯影响着 H5 广告的视觉元素安排。对于 H5 广告而言，重要的触控按钮，尤其是需要频繁点击的换页按钮，并不适合放置在页面的左上角。在不影响视觉主体效果的基础上，适当放大触控区域可以提高用户操作的准确度。用户常用竖屏模式操作设备，横屏模式使用相对较低。所以，广告主在制作 H5 广告时应充分考虑用户的操作习惯，选择恰当的展现形式。

二、H5 设计中的图形组合

移动智能终端的普及，对可视化信息的尺寸大小的设置提出了更高的要求。如何运用有限的视觉元素传递信息成为广告传播的关键。图形作为 H5 广告中重要的视觉符号，通过同构、异构、重构、解构等组合方式对广告信息进行创新呈现，可以直观地传达品牌形象。同时，这种多样组合方式的使用，大大有利于图形元素的整合，视觉画面往往也更加简洁与美观。不同的组合形式寄托着品牌的精神、理念与内涵。广告主可以根据不同的广告需求、类型及信息内容特性，有针对性地选择图形的组合形式，以给观者带来耳目一新的效果。

1. 同构图形

H5 广告中常出现两个或多个图形组合形成的新图形形式，这种新的图形并不是对某个图形进行的创新，而是将两个或多个图形进行突破性的组合，以激起观者强烈的好奇心，引导观者主动了解、欣赏 H5 广告的内容。同构图形广泛应用于 H5 广告中，以其新颖、独特的组合形式吸引了观者目光，引发受众的无限联想。这类图形组合常以视觉与经验认知两方面作为切入点出现在 H5 广告之中。就视觉而言，同构图形是指形上的同构，即从物体外形上找到相似的要素，从而发生同构。从经验认知水平方面来讲，它从图形的语义出发，找出图形潜在含义的相关性，进而将其同构。同构图形在 H5 广告的视觉表达中扮演着重要的角色，适用于 H5 广告的各个类型。比如，H5 广告“我为改革开放唱首歌”，采用说唱的方式回顾了中国改革开放四十年的变迁，如图 3.35 所示。二维码和说唱歌手形象被同构在一个图形之中，不仅突出了新时代特征和当时的流行文化，呼应广告主题，还以幽默风趣的视觉画面使观者更为轻松地接纳广告信息，了解品牌形象。

图 3.35　H5 广告“我为改革开放唱首歌”

2. 异构图形

H5 广告中的异构图形组合是根据广告目的与内容，在某个图形或某一局部加入或者置换某种元素，通过“偷梁换柱”的手段对图形进行改造，使其创意组合呈现在视觉画面中。在 H5 广告中运用异构图形可以使平凡的信息更加准确生动，使广告主题更加鲜明。例如秩序与反秩序的对比，使广告的视觉冲击力更加强烈，给广告画面带来美学意义上的升华。由 CCTV 央视网和百度大脑共同开发的“用 AI 拜年”案例中，将“换”的方法运用到极致。用户上传正面照片后，自动生成专属于用户的拜年形象。这款 H5 广告采用了人工智能（Artificial Intelligence）技术，将人脸与广告主题形象完美融合。不仅如此，这款 H5 广告还可为用户展现年龄、性别、颜值等信息，一定程度上提升了用户体验。除此以外，人民日报推出的“穿上军装”，也是异构形式的典型。这款广告推出之后各社交平台频频转载，极大调动了用户的参与性。

3. 重构图形

广告主可以按照一定的方向、位置、大小等方式，对一种或多种图形进行重新组合，这便是图形的重构过程。重构图形通过图形逻辑上的相关性，将单元符号进行重复或系统的组合，从而产生与原来完全不同形式、不同意义的新形象。重构的过程并不是元素的随意拼合、随意摆放，而是将分散的、无秩序的、不易理解的图形通过合成、聚集等方式组合在一起，将看似不合乎逻辑的视觉对象组合为合乎逻辑的图形。这种表现形式往往能给观者带来丰富的想象空间，广告信息也更易被受众接受与理解。如图 3.36 所示，DJI 推出的 H5 广告“DJI 大疆探索之旅”中，轨道与星球重构成人眼的图形，新颖地表达了拥有大疆无人机就能看见世界的观念。另外，该广告使用暗色系，充分营造出科技感和未来感。

图 3.36　H5 广告“DJI 大疆探索之旅”

4. 解构图形

在 H5 广告中，常出现用解构的方式强调广告情感。创作者通过对人们所熟悉的图形进行刻意地分解、有意识地破坏，再重新组合，以寻找新的认识。这类组合图形本质是强调被解构的部分，人们通过这部分图形能够获得某种暗示。H5 广告中常见的解构方法包括以下几种：(1) 将原来完整的图形中的一部分进行遮盖，分离的局部与主体图形依然保持一定的联系；(2) 有目的地对原有的完整图形用破坏的方式进行破碎化处理；(3) 将完整图形进行解体、分割，在切割部分安插不同表现形式的内容。例如，在 H5 广告“修复文物遇见文明”中，完好的文物瞬间破裂，带给观者十足的震撼。文物的解构暗示着修复文物迫在眉睫，这种组合形式可以极大地调动观者保护文物的参与性与积极性，如图 3.37 所示。

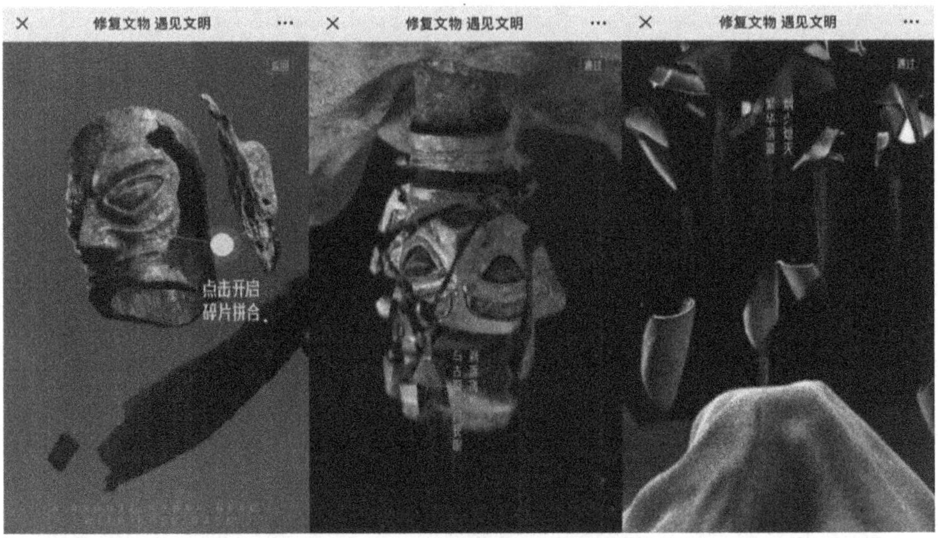

图 3.37　H5 广告“修复文物遇见文明”

任务实施

(1) 填空。

图形作为 H5 广告中重要的视觉符号，通过__________、__________、__________、__________等组合方式对广告信息进行创新呈现，可以直观地传达品牌形象。

(2) 请利用音频或根据用户日常使用习惯，设计一款 H5 产品。

(3) 请利用 4 种图形组合的方法设计一张 H5 界面。

结语

H5 是如今很受欢迎的一种被广泛运用的营销传播形式，大型活动、企业简介、招聘、婚礼邀请函都可以用 H5 来制作宣传材料，以在微信、QQ 等平台广泛传播。

易企秀可以在各个企业或个人的社交平台最大限度地进行推广，还能在朋友圈转发传播，大大强化了宣传效果。

模块二　学会这些，打造完美画面

项目4 让图片为你的软文增色

任务4.1 开启读图时代

学习目标

通过本节课的学习，你应该能够：

(1) 了解什么是读图。

(2) 了解图片的类型与行业潮流。

(3) 做好图片搜集工作。

案例感知

全景网董事长兼总裁吕辰曾经发表了主题为“读图时代，美好人生”的演讲，其中部分内容如下：

“关于‘图片+’我有几个想法。第一，希望建立全人类或者地球的图片库，希望我们的衣食住行、好的旅游景点、好的生活方式全部都能进入我们的数据库，就像当初的文字图书馆一样，最后变成了Google的信息检索。我也同样怀揣着这样的梦想，希望把人类所有的信息转换成图片，建立一个图片的大数据。”

全景视觉公司希望用图片改变世界，开启新的互联网的读图时代。基于图片大数据，希望以图片为载体，以图片搜集、图片社区设立、图片分享为主要方式，连接信息、商品与人。

(1) 图片大数据就像图书馆里海量的书一样，信息量非常庞大，如何找到它，可能是我们面临的问题。所以，我们希望能用一种技术进行搜索，或者对它进行标签管理。虽然是小图片，但是我们觉得它具有大视野。我们希望解决图片和商品的关系。一个好的产品其实就是一张好的照片，所以我们希望图片能跟商品发生关系。所以，我们所有的商品都应该变成一张张精美的图片。

(2) 图片是一种连接人和人之间关系的纽带。中国有句古话叫“以图会友”，每个人都能生产好的内容，人与人之间从而产生好的关联。

(3) 图片可以连接人与信息之间的关系。所有的信息都可以转化成图片。我们希望能用图片改变世界。

任务清单

(1) 体验并使用搜图网站。
(2) 用搜图软件或网站找一幅热点图片。
(3) 评析该图片的亮点所在。

知识平台

新媒体时代、读图时代已经到来。视觉文化逐渐在信息传播领域兴起，对于信息的获取，人们最为感兴趣的是信息内容的视觉冲击力，这就考验其是否能够很好地抓住观众的心。现在的读者，更多的是浏览者而非阅读者，面对海量信息，读者往往采用选择性阅读。文字和图片是最基本的信息传媒媒介，从呈现方式上来说，图片比文字能更形象、生动、直观地反映报道的内容。从呈现效果来说，图片更加能够丰富版面色彩，使页面更灵活，提升页面的整体美观度。

一、图片的基本类型

根据图片的来源，可以把媒体报道中的图片分为摄影图片、合成图片和图形绘制图片。三者均在媒体报道中起着不同的作用。

(1) 摄影图片，指通过现代化设备，如传统相机、数码相机、摄像机等获取的图片，摄影图片是媒体报道的主要资料来源。

(2) 合成图片，也称为“人工图形”，指对已有图片进行艺术和技术的处理，增加或减少元素后形成的图片。

(3) 图形绘制图片，主要的表现形式是漫画，是一种借助传播媒体载体，运用夸张和幽默的造型语言，报道新近发生的时事、社会问题的绘画。

二、新媒体中图片的作用

(1) 图片可以拓宽大脑认知的视觉通道，有助于提升对文字信息的理解水平。

文字信息要被读者阅读理解，需要读者具备一定的文化水平。相对来说，对图片的阅读理解的门槛要低很多，人们总是能或多或少理解图片所传达的信息。因此，图片是一门“国际语言”，不同地域的人们都能通过同一幅图片获得相同或相似的信息。

(2) 流程图或概念图有助于用户对时间性或逻辑性关系的理解。

(3) 图片的稳定使用有利于塑造文章的风格，有助于形成个体品牌。

(4) 动图的使用可以活跃气氛，拉近与读者的距离。

三、图片使用的原则

(1) 精品化，宁缺毋滥，更不能图文不符。

(2) 使用高清图，不使用劣质图片。

(3) 适当裁剪与修饰，如去除水印，增加相框等。

(4) 注重版权，选择无版权争议照片，可亲自拍摄或者绘制。

(5) 不能发生政治性错误，如地图错误、国旗错误等。

(6) 精心配写图片说明，不要平实地介绍图片内容，可以使图片说明成为上下文字段落里的“插入语”。

技能平台

搜索图片素材是制作图片的必备技能。用网络搜索图片素材时，我们要知道如何找到无版权、可商用的高清图片。读者可以从以下网站获取符合要求的图片。

一、Gratisography

Gratisography，英文界面，网站仅支持英文关键词搜索，图片分类包括全部、动物、自然、物体、人物、城市、搞怪等。

二、摄图网

摄图网为中文界面，支持中文搜索，专注于免费摄影图，分类丰富且可免费商用下载。

三、FREEIMAGES

FREEIMAGES 的图片分类包括野生动植物、建筑、艺术与设计、汽车、商业与金融、名人、教育、时尚与美容、花草树木、游戏与卡通、健康与医疗、假日休闲、家居设计、工业、自然风光、电子乐器、户外活动、人物、科技、符号标志、运动健身、纹理与样式、道路与交通等。

四、pixabay

pixabay 呈现的是中文界面，图片分类包括交通运输、产业技术、人物、动物、健康医疗、商业金融、地标、宗教、建筑、教育、旅游度假、科学技术、美妆时尚、背景、花纹、自然风景、表情、计算机、运动、音乐、食物与饮料等。

五、设计导航

“设计导航”网站可以对设计素材、灵感酷站、灵感画板、设计教程、配色、设计工具、尺寸规范、Sketch、信息图、前端开发、Designer、Game、设计公司、培训机构等图片设计相关方面进行索引，覆盖范围非常广。通过设计导航链接到的图库，包含收费、免费、无版权、有版权等各类图片及素材。

任务实施

【新媒体名词解释】

(1) 搜图软件:____

____

(2) 热点图片:____

____

(3) 高清图片:____

____

【说一说】

请选择一个图片搜索网站，搜索你喜欢的图片，并说明什么样的图片才是无版权、可商用的高清图片。

【试一试】

小组成员之间分享热点图片，并互相讨论。

实践展示

【读一读】小萍同学到新媒体编辑部门实习，正准备自学新媒体相关技能，主任要求小萍为某商场促销宣传用的易拉宝设计找几张配图，小萍在百度上找了几张发给主任，主任十分不满意，因为发现这些都是印有LOGO的图片。

【写一写】

请根据上述案例，写出你对此的评价。

任务4.2　封面图制作

学习目标

通过本节课的学习，你应该能够：

(1) 进行简单的图片拍摄。

(2) 通过图片制作工具进行封面图裁剪。

(3) 利用在线工具设计封面图。

图片感知

图4.1　“经贸商助”公众号

图4.1所示的是“经贸商助”公众号，可以看到封面图片能突显出公众号本色所要传达的专业特点。能很好地体现出文章想传递的信息。那么

这个封面图片怎样拍摄，制作，从而更好地为公众号的内容服务呢？我们一起来学习一下。

任务清单

(1) 体验并拍摄一张商品照片和一张人物照片。
(2) 利用 PPT 等图片处理工具制作封面图片。
(3) 利用创客贴处理封面图片。

知识平台

一、图片拍摄

1. 拍摄设备

一般情况下，单反相机是最理想的拍摄设备。除了单反相机外，微单和手机在摄影领域也受到大众的追捧，这些拍摄设备小巧、易携带，方便随时随地拍摄。人脸识别、人像美颜、风格滤镜等技术的不断发展让摄影变得简单，让用户更容易拍出满意的作品。

2. 拍摄技巧

(1) 利用自然光。

自然光是影响照片的重要因素，能够利用好自然光的照片，能获得更好的表现力。

(2) 布置场地。

拍摄者在决定拍摄之前，一定要先选择好场地，可根据场地情况和所拍摄对象准备一些小道具来配合拍摄，做到准备充分。

(3) 利用天气带来的环境效果。

在拍摄户外照片时，面对复杂多变的自然环境，我们可以合理利用天气带来的环境效果。例如，利用雪天可以拍摄浪漫的场景等。

3. 构图

一张图片只实现了技术上的完美是远远不够的，还必须通过某种形式的画面规划来传递所需要表达的特定信息，这就是构图的意义所在。在进行构图时，我们可以选择 5 种经典的构图方法，使图片更加和谐、美观。

（1）九宫格构图。

九宫格构图是摄影中最经典的一种构图方法。这种构图方法把画面的左右上下都分为三等分，形成九个方格，如同一个“井”字。在风景拍摄中使用九宫格构图法，可以帮助拍摄者确定图片中天空和地面的比例。一般来说，天空和地面的其中一方占画面的三分之一，另一方则占三分之二的区域，如图 4.2 所示。

图 4.2　九宫格构图示例

（2）对称构图。

对称构图以一个点或一条线为中心，两边的形状和大小是一致的，或呈现一定的对称性，色彩、线条、结构都是统一和谐，具有对称感的。对称构图是一种较为均衡的构图形式，具有平衡、稳定、交相辉映的特点，尤其在拍摄建筑线条、风景的倒影等场景中被广泛运用。通常情况下，水面的倒影、相似的建筑结构和形状等场景都可以运用对称构图，以提升画面的对称美感。

（3）三角形构图。

三角形是最稳定的结构，在摄影中使用三角形构图同样能够使照片变得平稳。三角形构图通常以三个视觉中心作为主要位置，或以一些建筑线条组成三角形，营造出平稳的画面风格，如图 4.3 所示。

图 4.3　三角形构图示例

二、封面图制作

1. 封面图类型

（1）微博头条文章封面图。

设置微博头条文章的封面图，有两种方法。一种是在微博网页版，点击微博输入框下方“头条文章”即可进入头条文章编辑页面。另一种是在微博客户端，点击底部“+”菜单后，点击“头条文章”即可进入编辑页面。

微博头条文章封面图尺寸要求为 1000 × 562px，信息安全区尺寸为 1000 × 400px（px 为像素符号），格式为 JPG、PNG 或 GIF。封面图大小不能超过 5M。

（2）微信公众号封面图。

微信公众号封面图尺寸要求为 900 × 500px，格式为 JPG、PNG 或 GIF，封面图大小不宜超过 5M。

（3）头条号封面。

头条号封面可选择三种模式：自动、单图模式、三图模式。“自动”即从图文中随机抓取一张图作为封面图，“单图模式”即上传图片后进行在线裁剪，“三图模式”仅在 wifi 环境下显示。

2. 封面图制作要求

如果想要靠新媒体平台上的图片吸引人，达到一图胜千言万语的效果，那就需要对图片进行精心雕琢。下面重点为大家介绍公众号运营时一些实用的配图技巧。

(1) 引人注目的头图封面。

头图封面指的是打开一个公众号时，读者能够看见的文章列表栏中头条文章配的图，也把它称为主图。文章主图设置的好坏，会影响到读者点开文章阅读的概率，一张漂亮、清晰的主图，能瞬间吸引读者的目光，促使读者进一步阅读。所以，封面是非常重要的，一个精美的封面，能够给平台带来巨大的阅读量。

(2) 同样重要的小图封面。

小图封面指的是公众号文章标题后面搭配的小图片，它是微信公众号文章列表中除了头条文章之外的文章所配的图片，我们也可称之为侧图。文章侧图虽然占的比例比较小，但是也不能忽视它的作用，它有着跟主图一样的效果，能影响文章的阅读量以及读者的阅读体验。好的文章侧图能使微信公众号获得更多的读者支持。侧图的选择没有固定的标准，可以是实物图片，也可以是文字标签，与非头条文章标题不产生冲突即可。

衡量一张主图是否合格，可以从图片的清晰度、辨识度以及尺寸大小等方面判断。

(3) 配图背景干净，画质清晰。

干净是指图片的背景干净，重点突出，且与文章的核心内容一致。运营者为增加封面图片的效果，往往会选择有背景的图片，使封面图片内涵更丰富，能够向读者传递价值感。也有的运营者在封面图片上添加文字，这时封面图片的干净与否就显得更加重要。若封面图片文字处理得当，一来可以让读者感到舒适，二来可以突出图片中的文字内容。

清晰是对图片的基本要求，封面图清晰度高，则使读者容易辨识；如果过于模糊，则会影响读者的阅读感受，从而质疑文章的内容。因此，高清图片是获得平台用户良好印象的法宝，它体现了商品价值的高低，影响读者的价值判断。运营者对封面图片质量要严格把关，清晰的封面图能更好地保证读者的阅读感受，使他们愿意继续读下去。在实际操作中，会因为内容编辑器不同，导致上传的图片清晰度出现变化，这需要制作者在编辑完文章并发送后再次进行查看。

(4) 配图色彩统一，搭配舒适。

运营者想要自己的公众号图片吸引读者，要注意封面图片的色彩搭配。总的来说，封面图片越简单越好，切忌使用五颜六色的封面图。同时，要注意颜色搭配的舒适度，给读者营造顺眼又耐看之感。

一般情况下，图片应尽量选择明亮的色彩，这样的图片可以使读者眼前一亮，从而产生好奇心，进而点击阅读。当然除了色彩明亮之外，也要注意颜色选择上是否与本身内容相符合。

色彩的色调问题也是需要注意的。根据人的心理感受，颜色可以划分为冷、暖、中性三种色调。不同色调会使人产生不同的心理感受。冷色调给人严肃的感觉，让人产生距离感；暖色调给人传达积极、亲密的感觉，中性色相对来说传达的心理感受会弱些。公众号文章在营造不同的情境时，需要用不同色调的图片来与之匹配。不管使用哪一种色调的图片，一定要保证整篇文章中的图片色调是一致的。只有这样才能加深读者对运营者在文章中所传达意思的理解，从而拉近读者与运营者之间的关系。运营者能够在创作优质内容的基础上再将其以舒适的方式呈现，读者对内容的关注度也会相应提高。

(5) 尺寸合适，合理显示。

不论是头图封面，还是小图封面，都要注意图片尺寸的大小。这里说的大小包括两个方面，一是指图片规格的大小，二是指像素的大小。头图封面的规格在保证版式设计整体协调的前提下，可适当大一些。小图封面的规格也不能太小，需要展现一定的内容。像素大小指的是图片的分辨率，它对图片的影响与前面提到的清晰度一样。图片显示的高清程度关系到读者点击阅读软文信息时的体验。因此，在保持图片高分辨率、不影响观看、上传和打开的情况下，怎样处理图片容量大小成为一个非常关键的问题。

(6) 美化处理，添加水印。

运营者给自己的微信公众平台增色，可以通过一些方法对图片进行处理，让图片变得更有特色，以吸引更多的读者，从而提升阅读量。那么如何让原本单调的图片变得鲜活起来呢？可以通过以下方法进行处理：一是图片拍摄设置，需要采用一些拍照技巧，拍摄场地布局和照片比例设置等，这样才能达到更好的效果。二是图片后期处理，想对图片进行美化处理，可以选择许多软件，如 Photoshop、美图秀秀等，通过这些修图软件对图片加工处理，使图片更具吸引力。

运营者可以尝试给图片加上公众号标志，让图片更具独特性。如在图片右下角标上公众号名称，可以让发布的图片带上公众号的属性，更能起到宣传及保护版权的作用，让读者一看图片就知道其来源，避免他人盗用。这一操作可以在平台后台进行操作。以微信公众号为例，进入微信公众平台，在“公众号设置”——“功能设置”按钮——“图片水印”一栏即可完成。

技能平台

通常情况下，通过网络搜索找到的图片是适合各平台封面图格式要求的，但是高清图片往往会遇到文件过大以及尺寸不合适的问题，这就需要对图片尺寸进行裁剪以及体积压缩。需要注意的是，当从一张大尺寸图片中裁剪出其中一部分时，裁剪后得到的图片尺寸相应变小。因此，在制作封面图时，先进行图片尺寸裁剪，再对图片进行压缩是较为合理的制图步骤。常见的封面图制作可以使用 Photoshop、PPT、创客贴、懒设计等工具。

一、使用 Photoshop 裁剪封面图

Photoshop 是一款专业的图片处理工具，简称 PS，它是 Adobe 公司旗下最为出名的图像处理软件之一，是集图像扫描、编辑修改、图像制作、广告创意、图像输入与输出一体的图形图像处理软件，主要处理以像素构成的数字图像。使用其众多的编修与绘图工具，可以有效地进行图片编辑工作。

二、利用 PPT 裁剪封面图

裁剪图片尺寸的工具有很多，如 QQ 截屏、Photoshop、美图秀秀等，甚至巧用 PPT（幻灯片）也可以对图片进行修改，非常方便实用。

Step1：修改幻灯片尺寸。

Step2：添加文字、图标元素。

Step3：导出图片。

三、利用创客贴裁剪封面图

创客贴（https://www.chuangkit.com/）是一款极简的在线平面设计工具，它提供图片素材和设计模板，通过简单的拖拉操作可以设计海报、PPT、名片、邀请函等各类设计图。无须下载任何客户端，只要计算机处于联网状态，打开浏览器进入网站即可使用。

Step1：登录账号后，单击“免费使用”按钮，进入模板选择页面。

Step2：选择所需要的图片模板。

创客贴模板分为社交媒体、广告印刷、工作文档、生活、其他等几大类，类别以不同平台对图片尺寸的要求进行细分，这样的模板设计对于新手来说是非常实用的。单击图片场景，即可进入图片设计页面。

Step3：进入设计界面，左边为功能导航区，中间白色部分是设计操作区。

创客贴功能区具体说明如下。

检索：操作者可以搜索创客贴提供的素材、模板、图片、图形等。

模板：包含免费模板和付费模板。模板未分类，但会根据时下热点推荐适合的模板等。

素材：包含热门素材、图片吸附框、线和箭头、文字容器、形状、图表、图标、图片、插图、电商、免扣素材等。

文字：操作者可以插入文本框或选用设计优美的字符进行简单修改并使用。

背景：包含可自定义的纯色背景、渐变背景和花纹背景等。

小工具：包含表格、图表、二维码三项可高度自定义的功能，如插入表格或图表并进行表格编辑等。

上传：允许操作者上传图片元素，用作图片背景及图中的元素等。

四、使用懒设计制作封面图

懒设计（https: //www.fotor.com.cn/）作为一款在线平面设计工具，功能与创客贴类似，同样在无须下载客户端的情况下，只要计算机处于联网状态，打开浏览器进入网站即可使用。

Step1：登录账号后，单击“开启设计”按钮，进入模板选择页面。

Step2：选择所需要的图片模板。

懒设计模板分印刷、社交平台帖子、封面、横幅广告、电子商务等大类，每个类别又以不同平台的图片尺寸要求进行细分，支持自定义图片尺寸。

Step3：进入设计界面，左边为功能导航区，中间白色部分是设计操作区。

懒设计功能区具体说明如下。

模板：模板未分类但会根据时下热点推荐适合的模板，允许通过关键词进行模板搜索。

贴纸：包括图片容器、基础形状、线、插画、图标，允许通过关键词进行贴纸搜索。

文字：支持插入文本框。

背景：包含可自定义的纯色背景和花纹背景等。

云相册：支持用户上传图片，用作背景以及贴纸等。

任务实施

【新媒体名词解释】

(1) 中央构图法:____

____

(2) 以图识图:____

____

(3) 封面首图:____

____

【说一说】

请你选择一张运动健康的图片，利用你喜欢的制图工具，来制作公众号封面，并写出制作流程和要求。

【试一试】

小组之间分享制作好的封面图片，并互相讨论。

实践展示

【读一读】

办公室文员小乐按主任要求寻找某次节日优惠促销活动的图片，小乐第一次提交了个性十足的漫画图，第二次提交了色彩暗沉的文艺图，主任表示，这些图片与主题内容不相符合。

【写一写】

请根据上面这则案例，写出你对此的评价。

任务 4.3 信息长图制作

学习目标

通过本节课的学习，你应该能够：

(1) 进行信息长图的搜索并学习。

(2) 通过制图工具制作信息长图。

(3) 利用在线工具设计信息长图。

图片感知

在“经贸商助”公众号平台有一则“经贸最美学子”的信息长图，将最美学子的成长介绍，所获荣誉，学霸秘籍等内容通过一张信息长图以图文并存的形式讲得比较清楚，点击率高，如图 4.4 所示。如此一张图简单生动且内涵十足，可以说成为当之无愧的“爆款”。

图 4.4 “经贸最美学子”信息长图

任务清单

(1) 了解并搜索信息长图。

(2) 利用工具制作信息长图。

知识平台

信息图由来已久，新闻编辑经常使用信息图来解读一则新闻事件的来龙去脉。随着移动端用户数量的激增，普通信息图已经不能适应用户的需要，信息图渐渐演变成了信息长图。

在网上常见的类似“一张图读懂 × ×”形式的图片，往往被称为信息长图。顾名思义，这类图片的特点就是比较长。它将文字与图片融合在一起，借文字描述图片内容的同时使要表达的意思更生动，二者相辅相成，配合在一起，可以获得更多的关注，从而有效提升阅读量。

一图胜千言。比起密密麻麻的文字，大家往往更喜欢阅读简单易懂的图片。而将大段文字转化成易于阅读传播的图片，这就是信息长图的本质。

读者为什么乐于选择阅读长图？关于这个问题，可以从长图文的两个特点进行分析：

一是电影片段式的阅读感受。用图片作主线的软文，更容易让读者产生阅读兴趣。这就好比电影和影视剧本，对大多数人而言，人们更愿意观看画面丰富和真实展现生活场景的电影，而对于动辄几十万字的影视剧本的阅读兴趣是极低的。比起枯燥的剧本，人们更喜欢生动的电影。长图文也是如此。在阅读过程中，人们可以基于软文中的数十张图片在脑海中构建出一个个电影片段。在构建的电影片段式的阅读中，读者不仅可以感受到图片和软文丰富的美感，还能感受到撰写者想要表达的各种情绪的起承转合，大大丰富了软文内容，并提升了价值。

二是视觉效果。相比文字，图片不仅能在视觉上带给人们更美的感受，还能从其内容呈现上带给读者更多的信服感。人们通常认为，一张图片的形成所要花费的心思比纯文字要多很多，因为前期的素材获取和后期的编辑都是需要制作者花费大量精力的。

长图文对读者来说具有很大的欣赏价值。对于制作精美的长图文，读者往往会选择点击阅读、转发、收藏或评论。通过发布长图文，公众号运营宣传的目标更容易实现。

信息长图的设计分为直接设计信息长图和设计小图拼接。使用 Photoshop 直接设计信息长图难度较大，但使用美图秀秀、PPT、百度说和创客贴等可以大大降低信息长图的设计难度。

技能平台

一、长图设计

长图按照上下结构分为封面、内容、封底三个部分。封面统领全图，内容是长图的核心，封底部分是对内容进行总结，如图 4.5 所示。在制作长图时，一般需要注意以下问题。

背景：通常使用纯色背景或较简单的背景，便于拼接长图，使读者不容易发现拼接痕迹。

逻辑元素：通过使用序号、线条、色块等对上下文信息进行逻辑梳理。

文字：精简文字，尽量可视化文字部分，减少文字堆砌。

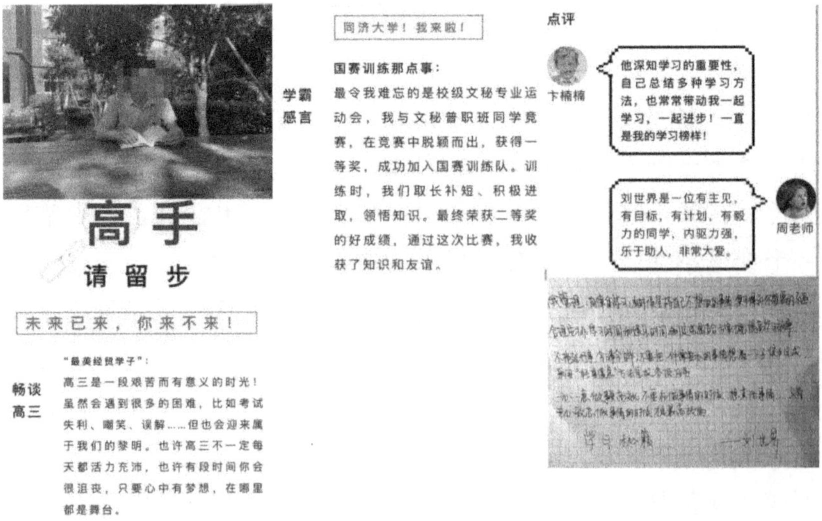

图 4.5　信息长图示例

二、图片拼接——使用 PPT 导出图片

制作信息长图需要对多张图片进行拼接，先使用 PPT 导出，在导出时更改为“PNG 可移植网络图形格式”或“JPEG 文件交换格式”这两种文件类型，再通过美图秀秀进行拼图并保存。

三、使用秀米制作信息长图

秀米（https: //xiumi.us/）是一款在线的微信图文排版和 H5 场景制作平台，登录账号后，新建图文后，上传所要拼接的图片。选择“无缝图片模板”进行图文编辑，完成无缝拼图。

四、使用百度图说制作信息长图

创客贴对图表的编辑空间并不大，若涉及较为复杂的图表可视化展示，可以使用“百度图说”工具。把能通过“百度图说”制作的图表上传至创客贴完成设计并下载使用。

五、用创客贴制作信息长图

创客贴最大的优点是有许多现成的模板可供使用，而且其自带素材库，可以直接使用，不用去各素材网站下载。在创客贴首页选择模板——线上营销——信息长图，即可进入信息长图模板进行设计。

任务实施

【新媒体名词解释】

(1) 拼图：____

____

(2) 信息海报：____

____

(3) 信息可视化：____

____

【说一说】

请你运用自己喜欢的制图工具，选择手机相册中的图片制作一张个人海报信息长图，并写出制作过程及要求。

【试一试】

小组之间分享海报图片，并互相讨论。

实践展示

【读一读】

小雅同学到某学校实习，主任将一些学校宣传图片发给小雅，并要求她完成信息长图的制作。小雅只用美图秀秀进行了图片拼接后交给了主任，但主任对此十分不满意。

【写一写】

请根据上面这则案例，写出你对此的评价。

任务4.4 GIF动图制作

学习目标

通过本节课的学习，你应该能够：
(1) 使用网络进行GIF动图搜索。
(2) 通过常用的工具进行GIF图制作。
(3) 利用在线工具设计GIF图。

案例感知

近几年，一个叫作罗翔的老师频繁出现在网络上，本以为是一名新兴的“网红造梗”主播，谁曾想这还真是一位正襟危坐在讲台上讲课的老师(中国政法大学教授)。这位罗翔老师，可以说是近几年最出人意料的“出圈”人物之一，罗翔有多神奇？作为北京大学法学博士、中国政法大学教授、“厚大法考”授课老师，罗老师入驻B站(视频平台)10天就拥有了超过200万的粉丝。

任务清单

(1) 欣赏并了解GIF动图。
(2) 能用软件工具录制并制作GIF动图。
(3) 能用视频播放软件截取并制作GIF动图。

知识平台

GIF动图在微信、QQ等社交App上十分流行，在微信公众号、头条和微博等新媒体上应用也十分广泛。它的表达效果要远远大于文字和静态图片。

作为一种有趣的表达方式，GIF动图在微信推送中逐渐被普及，目前在各种文案编辑中越来越常见。GIF动图比文字更清晰，一张动图可以演示一个动作发生的整个过程，更富有动感，表达能力更强。能制作动图，已成为新媒体编辑人员必备的技能。如一个名为“爆笑gif图”的公众号发布的 GIF 图片，这些图片的内容十分生动有趣。

GIF 是一种位图，是将多幅图像保存为一个图像文件，从而形成动画。但 GIF 格式只能显示 256 色，和 JPG 格式一样，这是一种在网络上非常流行的图像文件格式。其优点包括：(1) 优秀的压缩算法使其在一定程度上保证了图像质量，同时将体积变得很小。(2) 可插入多帧，从而实现动画效果。(3) 可设置透明色，以产生对象浮现于背景之上的效果。缺点是由于采用了 8 位压缩，GIF 动图最多只能处理 256 处颜色，故不宜应用于真彩色图片。

技能平台

一、搜索 GIF 图

1.GIPHY

GIPHY 平台为英文界面，支持英文搜索，图片分类包括动作、形象、动物、动漫、艺术设计、卡通漫画、名人、年代、情感、潮流、食物与饮料、娱乐、游戏、假日、兴趣、模仿、电影、音乐、自然、新闻时政、行为、科学、体育、贴纸、交通、电视，支持按照艺术家名字搜索查看。

2. 花瓣

花瓣平台为中文界面，在页面内搜索关键词“GIF”或“动态图”即可查看相关资料。

3.GIFBIN

GIFBIN 平台为英文界面，不支持搜索及分类功能。

4. 多玩图库

多玩图库平台为中文界面，每天更新，不支持搜索及分类功能。

5.SOOGIF

SOOGIF 平台为中文界面，支持中文搜索，图片分类包含爆笑 GIF、热点 TOP、影视安利、综艺秀场、花花世界、劲爆体育、福利内涵、艺术设计、美食专栏等。

二、常用的 GIF 图制作工具

1. 录制计算机屏幕制作 GIF 图

录制计算机屏幕制作 GIF 图，可以使用软件 LICEcap 或 GifCam，使用搜索引擎搜索“LICEcap”或“GifCam”可获取软件的下载链接，下载之后解压安装即可使用。

工具一：LICEcap。

双击打开软件，可拖动录制框任意一角调整录制框大小。把所需录制内容置于方框内，单击“录制”按钮，弹出“选择文件录制”对话框，选择保存路径并输入文件名后，单击“保存”按钮，此时会延迟 2 秒，以确保有充足的时间调整录制窗口和调整鼠标，当录制框左下角出现时间计时，代表开始启动录制。

录制过程中，可以单击右下角的“暂停”按钮，暂停 GIF 图的录制，单击“继续”按钮即可继续录制，单击“停止”按钮完成录制。录制保存的 GIF 图内存非常小，实测录制扑克牌面积大小，时长 6 秒的 GIF 图的内存大小约为 53KB。

工具二：GifCam。

双击打开软件，可拖动录制框任意一角调整录制框大小。把所需录制内容置于方框内，单击“录制”按钮开始录制时，“录制”按钮自动变成“停止”按钮，单击“停止”按钮暂停录制，再次单击将继续录制。

录制完毕，单击“保存”按钮进行保存。如需录制另外一张 GIF 图，在不关闭软件的情况下，在“录制”下拉菜单中选择“新建”选项，否则会继续上一张 GIF 图的录制。

2. 电影或视频片段截取 GIF 动图

方法一：用 GIF 录制工具录制。

启动 LICEcap 或 GifCam 软件，打开在线或本地视频，拖动调整录制框，把目标视频置于录制框内，即可录制 GIF 图。

方法二：用视频播放器截取。

使用 QQ 影音打开目标视频，在视频的播放过程中或暂停状态下，单击右下角的扳手图标，选择“动画”功能，在弹出的 GIF 图制作界面中有上下两条时间线，通过滑动灰色线上的滑块，可以控制 GIF 图的起点，同时可以通过“微调”来精确控制起点和终点的截取区间。在“尺寸”列表中可选择图像尺寸，若选择大尺寸，所截取的 GIF 图占用空间将会较大。在 GIF 图制作过程中，可以单击“预览”按钮以确定截取结果是否合适，截取完成后单击“保存”按钮。

“迅雷看看”播放器同样可以从视频中截取 GIF 图，在本地打开视频，在播放或暂停界面中用鼠标右键单击播放界面，选择“GIF 图截取”即可进入 GIF 图制作界面。

3. 手机制作 GIF 动图

在应用商店中搜索“GIF”关键词，下载相关应用，以“GIF 制作”为例，进入应用可以选择“录制 GIF”“视频转 GIF”“照片转 GIF”，可对拍摄张数以及持续时间进行设置。例如把拍摄的照片合成一张 GIF 图，合成完成后，可进行滤镜等设置，最后保存与分享，可直接发送至社交平台。

4.GIF 在线编辑

通过在线网站 SOOGIF 的制作工具，可以对 GIF 进行压缩、裁剪、编辑、以及视频转 GIF、多图合成 GIF。

在“GIF 压缩”中，支持上传 GIF 图，并可以选择压缩尺寸，但要求单个上传的 GIF 图的大小不得大于 20M。在“GIF 裁剪”中，支持复制粘贴或上传 GIF 图，支持任意矩形裁剪。在“GIF 编辑”中，支持复制粘贴或上传 GIF 图，可以对 GIF 图添加文字水印、滤镜以及特效。在“视频转 GIF”中，目前只支持对在线视频进行转换，用户只需将网络视频网址复制到编辑框，就可以拖动时间轴进行裁剪。最长支持制作长达 20 秒的视频。在“多图合成 GIF”中，支持拖曳图片或上传图片制作 GIF 图，要求至少上传两张图片，并且每张图片不超过 10M。用户可以对上传的图片顺序进行调节，也可以调整 GIF 图的动态速度，以制作出质量更佳的 GIF 图。

任务实施

【新媒体名词解释】

(1) 表情包:____________________

____

(2) 斗图:____________________

____

(3) GifCam:____________________

____

【说一说】

请你选择一个图片搜索网站，搜索自己喜欢的动图，并说一说什么样的图片才是受大家喜爱并让人印象深刻的动图。

____

____

【试一试】

小组之间分享热点动图，并互相讨论。

____

____

实践展示

【读一读】

小莉同学到新媒体编辑部门实习，主任要求她将年会上同事表演节目的画面制作成 GIF 动图放到微信推文上，结果小莉直接将小视频放到了微信推文上。主任为此严厉地批评了她。

【写一写】

请根据上面这则案例，写出你对此的评价。

____

____

____

____

模块三　如何成为短视频达人

项目5 你不可错过的短视频攻略

任务5.1 开启短视频时代

学习目标

通过本节课的学习，你应该能够：

(1) 了解什么是短视频。

(2) 了解短视频的类型与行业潮流。

(3) 知道做好短视频营销的三大基本原则。

案例感知

2020年5月4日，B站的一个短视频爆红网络，国家一级演员何冰走上舞台，以青年宣言《后浪》为词，认可、赞美并寄语年轻一代。在"UP主"们的青春混剪中，属于年轻人的光芒正在闪耀。"你们有幸遇见这样的时代，但时代更有幸遇见这样的你们"，下面让我们来"GET"一下这个短视频的文案，有哪些令人激动之处：

那些口口声声，一代不如一代的人，应该看着你们；像我一样，我看着你们，满怀羡慕。人类积攒了几千年的财富，所有的知识、见识、智慧和艺术，像是专门为你们准备的礼物。科技繁荣、文化繁茂、城市繁华；现代文明的成果被层层打开，可以尽情地享用。

自由学习一门语言、学习一门手艺，欣赏一部电影，去遥远的地方旅行。很多人，从小你们就在自由探索自己的兴趣；很多人在童年就进入了不惑之年，不惑于自己喜欢什么，不喜欢什么；人与人之间的壁垒被打破，你们只凭相同的爱好，就能结交千万个值得干杯的朋友。你们拥有了，我们曾经梦寐以求的权利——选择的权利。

你所热爱的就是你的生活，你们有幸遇见这样的时代，但是时代更有幸，遇见这样的你们。……那么，奔涌吧，后浪……

我们从中能感受到"被点燃的激情"，从某种意义上说，这个短视频比一般的"五四"青年节的宣传更能吸引人们，打动人心，也更有纪念的意义，成为当日朋友圈转发的“爆款”。

任务清单

(1) 观看《后浪》。

(2) 用录屏软件找到一则热点短视频。

(3) 评析该短视频的亮点所在。

知识平台

短视频就是录制时间比较短的视频。短视频一般在10分钟以内，抖音里的视频甚至只有15秒至1分钟的时长，节奏较快，内容很紧凑，集画面、声音和文字（台词或脚本）于一体，能够在短时间内展示较多信息，十分适合在碎片化的时间观看与学习。

提起短视频平台，大家能想到的可能是抖音、快手、西瓜视频等。很多人都习惯于用手机或平板电脑观看短视频，或者自己成为短视频的发布者。随着5G时代的到来，短视频已经成为一种新的文化生态，走进了人们生活。

一、短视频的基本类型

1. UGC短视频

UGC（User Generated Content），意思是用户自己生产内容。普通人只要在短视频App上注册，就能利用这个App录制、上传自己的短视频。所以，UGC短视频的用户参与度最高、数量产出最多。很多短视频发布者也是从这类短视频起家，后来才引入商业合作，形成营销团队的。

比如旅游类的房琪，文化类的樊登，被人民日报“点赞”的传统文化守护者李子柒，他们的视频创作从“自力更生”到专业团队介入，让原创的短视频更精致，可看性更强，也更能获得平台的推荐和粉丝的青睐。

2. 原创短视频

原创短视频大部分是由专业团队制作的作品，内容丰富，形式多样，此类短视频在各类短视频平台上占据主导地位。专业的人做专业的事，原创短视频制作者大多具有很强的专业性，是短视频营销的一大主力军。

3. 短视频广告

短视频广告一般时长为30秒至1分钟，发布于各互联网的门户网站上。不同于传统的电视广告，其制作费比较低廉，发布渠道更加广阔。比如我们在网上观看电视剧的时候，往往一开始会有几十秒的广告时间，只有加入会员后，才能“跳过广告”，很多平台甚至一打开就是一个短视频广告，要点击“退出”，才能真正进入页面。虽然这种宣传方式给人造成一定的不便，但它确实是短视频家族的重要成员，是推动短视频不断发展的有利保障。

4. 宣传短片

这类短片往往是公益性质的，用浅显易懂的方式，向人们宣讲知识。比如江西消防在2018年推出的古装公益宣传片《四字诀学会使用灭火器，从此你是消防社会人》。该短片以三国时代著名的赤壁之战为背景，让“曹操”展示了灭火器的用法，留下了让人印象深刻的消防口诀。这个宣传短片让该消防单位一下子成为“网红”单位。

5. 系列短片（含微电影）

系列短片顾名思义就是同一主题的内容具有连贯性的短视频影片，它由多个短视频组成，各集之间联系紧密，可以组成一个完整的品牌故事。例如百事可乐的《把乐带回家》，每次都有新的切入点，把中国人过年的情怀展现得淋漓尽致。

二、短视频火爆的背后

2019年12月18日，“2019DOU知创作者大会”在北京举行，字节跳动副总裁张羽表示：“截至12月2日，抖音上粉丝过万的知识内容创作者数量已经超过7.4万人，这些优质知识内容创造者累计创作了1985万条优质知识短视频，累计播放量超过了1.9万亿；他们创作的知识内容在抖音的日均播放量超过了52.1亿次，日均点赞量超过了1.6亿次，他们创作的每一条知识短视频，触达了10万人次。”

如今短视频以“迅雷不及掩耳”的速度，蓬勃发展起来，不仅让用户的生活产生了极大的变化，而且也为各行各业开辟了全新的营销渠道。比如你想买一支口红，但又不知道哪种色号适合你，或者哪个牌子更好，如果自己去商场一支支试用，不仅费时也很费事，但如果你走进“美妆直播间”看到美妆博主的试用，他告诉你不同口红的质地、色彩，适合的肤色，哪种是爆款，你就能省下很多时间和精力，再去购买就会更有效率，也往往不会“踩坑”。所以，毫不夸张地说，不重视短视频营销的商家，错失的不仅是短视频的播放量，还有流量经济和粉丝经济带来的收益。

短视频的优势在哪里呢？其主要有以下优势。

1. 有利于碎片时间的利用

短视频小而精，正好符合人注意力集中的时间规则，比如15秒的抖音作品，简单的情节你看了能快速理解，即便有厌倦的感觉，但因为短，一刷而过，你也不会觉得枯燥。在午休时、乘坐公交车时、上下班通勤时，做不了太多事情，但又很无聊，就会看短视频打发时间。所以，短视频成了流量的“霸主”，它的吸引力对于大多数人而言大大超过文字和图片，是名副其实的宣传利器，能获得较高的曝光率。

2. 能满足用户的多种心理需求

用户看短视频不仅仅为了打发时间，同时还隐藏着多种心理需求。例如热爱街舞的年轻人，平时工作压力大，没有太多时间和场合去展示自己的舞技，那么他就可以通过短视频展示自己所长，既可以获得粉丝的青睐，开展线上社交，又成为生活中的情感寄托处。

用户在短视频平台上可以为别人的作品“点赞”，也可以向朋友们分享他们认为有趣的作品，还可以创作、上传短视频，通过这样的方式展示自我，吸引他人的注意，从而获得满足感。

3. 便于交流的强互动性

短视频通过平台传播可以立刻收获来自观众的“点赞”、评论，客服可以随时回答问题，收集和分析用户反馈的意见。这样一来，短视频就成为企业快速传递产品信息和展示产品特色的重要窗口，对塑造企业文化形象和提高知名度有很大帮助。

4. 出众的传播速度

新媒体兴起以来，自媒体发声已经成了民众的一种发声渠道，而短视频因为门槛较低、传播效率高，更容易被大众青睐。因为无论文化程度高低，都能看懂短视频，所以其传播范围远远超过了其他媒介，成为当下传播速度最快的知识载体。

5. 立体直观的展示效果

短视频是文字、图像、影音的结合体，比起单纯的图片、文字和音频更能给人带来立体直观的效果，短视频可以让用户得到信息，而且更加灵活，随时随地可以观看。

因此，短视频更适合于展示产品或进行宣教，而且短视频还可以直接带有产品链接，让用户看完后能一键购买，简化了购买产品的流程。

三、短视频的行业潮流

如果你认真观察，你会发现每个短视频平台尽管功能类似，但内容形式会有一些差异。比如小红书以内容为核心，传播“种草”(指宣传某种商品的优异品质以诱人购买的行为)；快手则抓住同城、身边普通人、朋友圈的基因，不断下沉内容；B 站 (哔哩哔哩，bilibili，视频平台) 则以“二次元”、二次创作、实拍为核心，深挖年轻人偏好的内容；抖音则凭借技术流引领潮流，互动内容逐渐走入大众视野。

现在，短视频已经成为打通所有领域的营销宝典，但要在短视频运营中占据不败之地，还要了解该行业的特点。

1. 用户特点

短视频的用户一般是通过移动终端，比如平板电脑或者手机来观看，往往利用的是睡觉、工作、学习等必须集中精力的整段时间之外的闲暇时间，观看人数众多，带来的流量也十分惊人。

2. 平台特点

短视频的内容可以单独展示，也可以植入微信推文、微博中与文字、图片结合展示，可以说它是融合高手，能与其他媒介朝着深度融合的方向发展。同时，互联网平台也可以通过短视频来获得更高的流量和影响力，比如新浪微博有很多流量正是来自“大 V”们发的原创短视频，粉丝们的转发引来较高浏览量。故而各大平台都在设法加入短视频创业的洪流之中。

3. 信息流特点

短视频是一种动态的信息流，更加吸引受众的关注，而且传达的信息量更加全面，也更有利于扩大信息传播的渠道，实现个体精准营销。如在抖音里看视频，如果你喜欢看猫，当你观看过一次后，你会发现平台会将很多类似的短视频推送给你。这样的算法就是一种精准化的投放，可以带来新一波的信息流。

四、短视频发展的方向

1. 大众化

UCG 短视频的兴起，让更多受众加入短视频创作者的行列，其中不仅有专业团队，还有很多“草根”，甚至大爷大妈们也可以用智能手机拍出自娱自乐的视频。

随着辅助的视频编辑软件推出众多“亲民”操作，越来越多的人可以通过智能化工具制作出精巧的短视频，这就意味着短视频今后将更加大众化，几乎所有的细分市场都会涌现出大量内容生产者和营销者。

2. 专业化

短视频的传播越来越大众化，想要从其中脱颖而出会越来越难。这个行业的头部效应很明显，只有精心打造的“大 V”视频或直播，才能获得大量的粉丝和收益。因此，短视频创作要朝着专业化方向发展，让专业性更强的短视频作品涌现出来，形成核心竞争力。

3. 社交化

“抖音，记录你的美好生活”，抖音鼓励广大用户用视频记录自己的生活，这不仅满足了大众的娱乐要求，还满足了社交需求。

短视频平台往往呈现的是真实的个人生活记录，人们可以从茫茫人海中找到其他有共同经历、共同感受的人，如此一来，分享、上传短视频越多，用户朋友就越多。

短视频社交化属性在今后会越来越强，在创作短视频时以促进社交为出发点，这样在营销中才能把用户当作品牌的忠实拥护者，实现短视频的营销效果最大化。

任务实施

【新媒体名词解释】

(1) 垂直领域：________________________________

____

(2) 流量：________________________________

____

(3) 直播带货：________________________________

____

【说一说】

请你举出一个自己喜欢的短视频作品，并分析该作品的受众及其传播方式。

____

____

【试一试】

小组之间分享优秀短视频，并讨论其行业特点。

____

____

实践展示

【读一读】

2019年2月，一则标题为“某年轻女子因不满车辆被警察贴条，向交警办公区投掷摔炮，后被拘留”的短视频在朋友圈大量扩散，最后调查发现是刘某自编自导自演的闹剧，目的是增加粉丝量，最终她因寻衅滋事被依法行政拘留。

【写一写】

请根据上面这则新闻，写下你对此的评价。

____

____

____

任务 5.2　生产内容为王的优质短视频

学习目标

通过本节课的学习，你应该能够：

(1) 学会创作短视频的基本流程及准备工作。

(2) 知道有“网感”的好创意是怎么炼成的。

(3) 学会积累好的视频素材。

短视频感知

2019 年 12 月 9 日，共青团中央在新浪微博上发表了一篇题为《因为李子柒，数百万外国人爱上中国》的头条文章。文章开头这样写道：“一个中国传统美食博主，在某境外视频平台被 700 万人关注，数千万人喜欢，美国人、俄罗斯人、越南人、意大利人……因此爱上中国。”李子柒在短视频行业有着极高的人气，她的作品被认为是田园牧歌式的美，牢牢占据着短视频行业的头部位置，不断向海外输出中国田园文化之美。

任务清单

(1) 观看李子柒的视频。

(2) 搜集《人民日报》对李子柒的热评。

(3) 评析该短视频的亮点所在，想一想最打动你的地方在哪里。

知识平台

一、做好市场地位：你的作品是做给谁看的

短视频的兴起，可以说为各个行业打开了新世界的大门，很多行业都想乘此东风获得营销战的胜利，但如果没有找准市场定位，市场反应总是达不到预期。

要找准市场定位，短视频制作者必须遵循以下原则。

1. 发现自己的优势与特点

扬长避短是定位的关键所在，所有爆红的短视频都最大程度地发挥了自己的特长。比如知名读书人樊登，他在选书、读书方面特别在行，受到众多书迷粉丝的追捧，但试想一下如果让他去推销各种家具、小家电甚至彩妆，很可能会“翻车”，受欢迎率估计也会大打折扣。

所以，制作者必须了解自身吸引用户的优势，即闪光点，要在自己擅长的领域开发作品才能事半功倍。

2. 制作与行业属性相匹配的内容

我们常常发现一些美妆博主的视频并不会直接推荐产品，而是认真做一系列的化妆技巧、彩妆品鉴等方面的教学视频，而在这种教学类的视频中再去切入品牌和广告，这种自然的软广告，更能引起用户的购买兴趣。这也是短视频营销的核心所在。

3. 根据可行性来确定创业突破口

根据以上两个原则，基本可以确定短视频运营者的大方向，但还需要考虑自己的资金、渠道和资源，这决定了短视频创业的可行性。初级入门者可以先从擅长的领域做起，循序渐进地发展，逐步改进短视频策划与制作的水准，使短视频作者更加符合运营者的营销需求。

二、你的短视频服务于谁

抖音上有些视频的点击率、转发率、推送率都很高，有些却观者寥寥无几，那是因为大部分人拍抖音都是给自己看的，而很少考虑其他人。但如果要做短视频营销，就要进行市场细分，了解目标用户群体。

1. 建立用户画像

用户画像是从一系列用户数据中提炼出来的用户模型，可以比较准确地揭示某个用户群体的总体特征和消费规律，反映出一个细分市场的动态。用户数据可以分成静态数据和动态数据。

静态数据：性别、年龄、地域、学历、职业、婚姻状况、家庭成员、消费等级、消费周期等。

动态数据包括：喜欢浏览、搜索、发表、评论、点赞什么内容，接触哪些产品信息，关注哪些网络红人或品牌营销号，参与哪些活动等。

一般而言，静态数据可以通过注册信息或调研来获取，而动态数据的影响因素比较多。在不同时期，用户的消费偏好和消费能力往往会产生变化，这就需要长期跟踪用户在平台上的数据来得出。

运营者在分析用户数据的基础上来构建用户画像，也就是用户的基本属性、消费能力、行为特征、兴趣爱好、心理特点、常用网络平台等信息。

2. 分析用户需求

一般而言，短视频营销者要通过视频来打动用户，就要了解用户的需求，其中包括基本需求、痛点需求、兴奋需求等。如人们观看教人做菜的短视频，有些人是真的想提升自己的厨艺，多学几个新的菜式，但有些人仅仅是为了欣赏别人的厨艺，刺激自己的食欲，有“望梅止渴”的意味。所以，每个用户对短视频的需求都是不一样的，制作者在拍摄短视频前要充分考虑用户群体的需求，然后想办法来满足他们。

3. 重视内部测评和用户访谈，以检验效果

新媒体与传统媒体相比，更注重信息的互动，所以短视频运营者要特别重视内测和用户访谈，以收集反馈信息，检验营销战略。

内部测评就是根据团队内部成员的反馈意见来修改完善视频，确保上传的作品质量。如让团队成员在内容、表现形式、文案等方面进行纠错，或从不同角度来预测用户的反应。

用户访谈是在短视频公开发布完成后，运营者在留言区察看用户评论，与用户互动，并找到提具体意见且有见地的用户，与之深入交谈，也可以通过线下交流，以更有针对性地了解用户对短视频的意见及改进建议。运营者在与用户访谈时要把握好度，态度谦虚友好，给用户留下好印象，以便建立长期合作的关系。

三、确定大众当前最感兴趣的内容方向

短视频行业一直是内容为王，有些视频在网络上大火有偶然性，但归根到底取决于其内容是否处于大众感兴趣的范围。

1. 以颜值为卖点的内容

抖音上美丽的风景片、色香味俱全的美食、精美的家装设计或艺术品介绍、形象靓丽的帅哥美女、潮流服饰等都是“颜值控”用户喜欢的内容，

因为“爱美之心，人皆有之”，大多数网民看到高颜值的作品会觉得身心愉悦，愿意为此买单。比如在抖音上有人晒出茶卡盐湖的“天空之镜”，立刻引发众多网友们的关注，越来越多的人心向往之，纷纷去盐湖打卡。

所以，“卖颜值”的短视频，要把生活中的美好事物提炼出来，尽可能以美丽的方式来展示它。

2. 正能量的内容

人民日报的抖音号在2020年8月突破了1个亿的粉丝量，因为它时常发布非常正能量的视频，如见义勇为的平民英雄、消防队员救助受灾群众、医护人员坚守抗疫第一线、科研人员锲而不舍攻关克难、人民军队英勇报国等，这些视频激励人们热爱生活，奋发向上，获得广大用户的一致好评。

3. 具有“萌属”性的内容

“萌宠”“萌娃”，带有“萌”属性的内容在紧张的都市生活圈，能给人带来轻松的心灵体验，可以说是当代“治愈系”的潮流视频。所以，以“萌宠”或“萌娃”为主题的短视频往往在行业中占有一席之地。

4. 展示非凡技艺的内容

高手在民间。短视频的兴起让很多能工巧匠有了一个展示巧手的天地。比如有一对兄弟在野外建房，他们用天然的石材和木料，居然建成用于休憩的小树屋，而且里面的家具一应俱全，看得网友们拍手叫绝。

当然，此类视频技术含量非常高，大家在日常生活中很少有机会看到，所以一经发布就引发超高关注度，但这类视频需要专业人士才能做好，一般人很难跟风。

5. 幽默搞笑的内容

此类视频最容易被模仿，也是最先在短视频平台上火起来的内容。幽默视频门槛较低，可以是人们随手用手机拍的生活趣味场景，或者加入一点潮流的“梗”，采用“无厘头”的创意，使它成为人们无聊时打发时间的不二选择。所以，幽默搞笑视频大行其道，这类视频不需要太有内涵，重点是让人发笑，但如果不能“戳中”大众的“笑点”，就会让人感到很无聊。

6. 实用“干货”类

“干货”类视频分为两种，一是知识内容，就是讲述各行各业的专业知识，比如保险、沟通、营销等知识，另一种属于展示操作性的实用技巧，比如丝巾的系法、生活小妙招等，这类对于用户有用的“干货”视频，在今后短视频营销中将成为主流。

任务实施

【新媒体名词解释】

(1) 投屏:______

______

(2) HDMI:______

______

【说一说】

(1) 如果你所在的班级要做一个班级视频号，请你分析其用户画像。

______

______

【试一试】

请你根据大众最喜爱的视频类型，在短视频平台找到相应的视频号，与班级成员进行分享。

______

实践展示

【读一读】

据卡思数据统计，2019年1月到10月，快手增粉最快的账号主要集中在五大类：剧情、美食、游戏、音乐、美妆。“TOP10”红人中，有美食博主“浪胃仙”、游戏博主“AG超玩会王者梦泪”、汽车博主“懂车侦探”等。快手视频的内容生态从娱乐走向多元化，各种用户群体对内容的消费需求在不断增加。

【写一写】

请根据上面这则新闻，写下你对此的评价。

______

______

______

任务 5.3　有趣有料的视频内容怎么做？

学习目标

通过本节课的学习，你应该能够：

(1) 了解 IP 孵化的四步法。

(2) 做好短视频内容策划的基本框架。

短视频感知

网络红人“papi 酱”，在 2016 年迅速走红，她正是抓住了短视频 UGC 内容井喷的契机，加上在内容打造方面充分结合了其影视专业的知识，选题设计十分出众，从生活到娱乐到两性关系都有涉及，以极其接地气的草根气质叙事，同时结合时事热点，在几分钟的短视频内布置诸多贴近年轻用户生活的槽点，直接满足了年轻群体对娱乐视频的需求，因而在当下“有趣”内容并不多见的内容环境生态中顺利脱颖而出。

任务清单

(1) 会选择适合自己团队的“赛道”。

(2) 能制作短视频内容的基本框架。

知识平台

一、IP 孵化的四步法

1. 第一步：赛道选择

很多人问，在短视频中做哪种赛道才能脱颖而出？是做热门赛道，还是市场需求比较大的赛道？是做自己擅长的，还是大众乐于接受的？已经有头部效应的赛道是不是已经不能做了？

在赛道是否能做的判断中，主要有两个外部因素：一是平台的趋势。比如抖音平台的趋势，早期是颜值高的青年男女跳舞唱歌，后来是律动感十足的 PPT 风格视频成为平台最火的作品，推送率很高，有的账号迅速获取几百万的粉丝。现在抖音平台的赛道趋势中，排在前十的分别是：演绎（剧情）、生活、美食、文化、旅行、时尚、亲子、动植物、汽车和创意。这些不仅是用户主动选择的结果，还是平台推动的结果。该平台在不同时间段会有一定的扶持政策，比如推动文化交流、支持原创视频等，所以，要先判断短视频播放平台的趋势，让自己的作品适应这个平台。

另一个是赛道的商业价值。从抖音的星图平台部分账号接单的数据来看，演绎类、时尚类和汽车类的商业价值很大。这里说的是头部账号的收入，赛道有头部并不是代表着不能加入，竞争越激烈，反而说明市场机会足够大。

在了解内部因素前，运营者需要先问自己几个问题：你是谁？你有什么优势资源？你的粉丝是谁？他们的需求是什么？你能提供哪些有价值的内容？怎么持续这种价值？

内在因素通常是对自己能力的判断，比如汽车类的赛道，足够宽，商业价值巨大，你如果要选择这个赛道，你要问自己有什么样的汽车资源，是否有能力持续生产出优质的关于汽车的广告资源吗？你有优质客户的资源吗？你有新车资源吗？你有整合这些资源的能力吗？我们选择赛道的时候，必须了解平台底层的逻辑，知道平台怎么看待这个赛道，对这个赛道是否有政策扶植。比如抖音是算法支撑的平台，只要你的内容恰好是抖音算法所支持的，就算你粉丝数量为0，也可以制作出爆款视频。所以，要根据自身的优势来选择赛道。

2. IP孵化的第二步：人设与角色

在IP孵化时最好是真人出镜，那么什么是IP？可以理解其为一个符号，比如《西游记》中的大IP就是孙悟空；《精灵鼠小弟》的IP就是小白鼠；《钢铁侠》的IP毋庸置疑就是钢铁侠自己。在IP孵化中，需要设定一个稳定的人设，挖掘人物的心理和个性，寻找与用户的情感共鸣，如用讲故事的方式建立认同感。就像任何一个影片的主角都有自己的个性一样，在做短视频时，也要设计一个主角人物，如可以是可爱范，或者“御姐系”，但不能含糊不清，一会儿可爱一会儿“御姐”，这样就造成角色性格的模糊。视频所讲的故事要有社会认同感，抓住人们关注的焦点，所以视频作品最大的考验就是编剧质量，如果有好的文案、好的故事，一般都会起到很棒的效果。

3. IP 孵化的第三步：内容快速迭代

在创建团队初期，不一定要有高标准的硬件或软件配置，一部手机、一个好的文案、一个演员就可能完成一个爆款作品。所以，最小的短视频团队是“编导 + 演员”，比如抖音旅游博主“房琪 kiki”，她的粉丝量在达到 1000 万之前，只有“一个摄像 + 一个演员”的配置，她自己既是编导又是演员还是剪辑师，视频拍摄也是从手机起步，慢慢过渡到单反相机和无人机，但作为国内数一数二的创作型旅游博主，她的涨粉关键在于用心研究当地文化，创作出优秀的文案，遣词造句博采众长，美文配合美景与美人，让粉丝们拍好叫绝。

4. IP 孵化第四步：精细化运营——数据驱动

运营不等同于发布内容，而是最大可能产出爆款。运营的关键有两点，一是增加用户粘性，提升忠诚度与转化率，通过建立各种粉丝群，组织线上线下活动等，让粉丝受惠，也提高粉丝的忠诚度；二是先单平台运营，再跨平台运营。不同平台的运营方式是不同的，所以，运营者应先稳住一个平台，做出多个爆款视频，有稳定的粉丝点击率之后，再跨平台运营。

二、做好短视频内容策划的基本框架

1. 明确短视频的主题和时长

就像前文关于 IP 孵化内容提及的那样，团队要做好前期的市场调研，了解用户需求，在发挥自身优势的基础上，确定短视频的主题和时长，这需要制作者根据主题方向和想表达的内容来安排成品的时长。如果视频太长会增加成本，观众也可能失去观看耐心；视频太短又无法放入太多信息，影响视频的品质。

2. 制定可行性方案

视频运营者可以把所需人员、资金、设备、场地、拍摄时间、工期等信息记录下来，做成一张清单，让每一位团队成员清楚地了解当前有哪些资源，还需要哪些资源，需要做哪些准备。

在此基础上，运营者还可以制定工作计划表，把每个岗位做什么事情、需要哪些资源、几天内完成、如何检验等工作细节全部交代清楚，这样一来，明确了成员分工，起到事半功倍的作用。

3. 快速进入高潮部分

短视频的创造要尽量精炼，对于有故事情节的短视频而言，开头铺垫不要太多，一开始就要有吸引人的元素，让大家明白这是什么主题的故事，形成最初的小高潮，接下来剧情推进要快，因为短视频的时长有限，要让剧情尽快达到高潮。

如果是非剧情类的短视频，可以在开头把本期内容提要讲清楚，或者设置带有悬念的问题，先牢牢吸引观众，不断渲染悬念，然后再一步步展示细节，最终揭晓答案。如果能在结尾处使观众产生恍然大悟之感，或是结局反转的设计，能够吸引更多的观众关注。

4. 注意内容规范，不要触犯禁忌

做短视频不能触犯底线，这里的“底线”是指国家的有关规定、社会道德和行业准则。为了净化互联网环境，2019 年中国网络视听节目服务协会公布了《网络短视频平台管理规范》(以下简称《规范》) 以及网络短视频内容审核标准的 100 条细则。

《规范》依据网络短视频内容审核基本标准，网络播放的短视频节目，及其标题、名称、评论、弹幕、表情包等，其语言、表演、字幕、背景中不得出现以下具体内容 (常见问题)：

(1) 攻击我国政治制度、法律制度的内容。

(2) 分裂国家的内容。

(3) 损害国家形象的内容。

(4) 损害革命领袖、英雄烈士形象的内容。

(5) 泄露国家秘密的内容。

(6) 破坏社会稳定的内容。

(7) 损害民族与地域团结的内容。

(8) 违背国家宗教政策的内容。

(9) 传播恐怖主义的内容。

(10) 歪曲贬低民族优秀文化传统的内容。

(11) 恶意中伤或损害人民军队、国安、警察、行政、司法等国家公务人员形象和共产党党员形象的内容。

(12) 美化反面和负面人物形象的内容。

(13) 宣扬封建迷信，违背科学精神的内容。

(14) 宣扬不良、消极颓废的人生观、世界观和价值观的内容。

(15) 渲染暴力血腥、展示丑恶行为和惊悚情景的内容。

(16) 展示淫秽色情，渲染庸俗低级趣味，宣扬不健康和非主流的婚恋观的内容。

(17) 侮辱、诽谤、贬损、恶搞他人的内容。

(18) 有悖于社会公德的内容。

(19) 不利于未成年人健康成长的内容。

(20) 宣扬、美化历史上侵略战争和殖民史的内容。

(21) 其他违反国家有关规定、社会道德规范的内容。

5. 做好长期的选题策划

短视频制作应从易到难，从擅长的领域着手，逐步向更有深度、高度和深度的内容过渡。在策划选题时，制作者可以通过粉丝群去征询粉丝的意见和看法，开选题研讨会，了解市场的热点动态，让内容更贴近用户的喜好。

6. 要能融入短视频平台的生态

短视频要想通过相关平台展示给大众，只有符合平台的特点，生产平台所需的优质内容，才能从万千作品中脱颖而出，获得爆款的影响力。

总之，对于短视频来说，只有好的 IP 和内容，才能获得市场的青睐，只有持续稳定地生产精品内容，才能在不断迭代的市场中赢得先机。

任务实施

【新媒体名词解释】

赛道：____

____

【说一说】

(1) 分析《超能陆战队》中的大白的角色设计定位。

(2) 近期东方甄选的直播间红遍了大江南北，成为一个 IP 品牌，在直播间，新东方的老师们转型成为带货主播，他们博学睿智，在卖货的同时普及了诗词古文、天文地理及人生感悟，让无数观看直播的粉丝产生了信赖感，大家相信东方甄选推荐的产品是可靠且性价比高的。请你了解东方甄选直播的运营情况，在小组间进行分享，思考短视频时代 IP 的力量。

【试一试】

做一集视频，编一则小故事表现一个常常拖欠作业的学生的经历，要体现出他做事拖沓、拖欠作业的个性。

实践展示

【看一看】

“房琪 kiki”如何拥有从零到千万的粉丝量，了解这个 IP 打造的全过程，想一想人物角色设计是怎么样的，她的文案是什么风格，她是如何不断突破粉丝量的，又是如何做到持续提供优质视频内容的。

【写一写】

请把你学到的情况进行认真分析与点评，写出自己的收获，以及今后的打算。

任务 5.4　我的视频怎么上“热搜”

学习目标

通过本节课的学习，你应该能够：

(1) 了解平台系统的算法推荐。

(2) 知道提高平台推荐量的方法，以及优化发布的效果。

(3) 了解不同短视频平台的推荐机制的差异。

(4) 掌握算法优化内容，提高推荐率。

短视频感知

图 5.1　笔者在抖音发布的校礼仪队短视频

如图 5.1 所示，2019 年 10 月，笔者在抖音发布了一个关于校礼仪队的仅6秒的短视频，结果在短短一周内有2.5万浏览量，并获得了几百条留言和转发，几百个点赞。有的学生说："老师，连我小学同学也看到这条视频了，我们这个年龄段的学生好像都在传播这条视频。"

任务清单

（1）请分析这条视频，并思考为何这段卡点视频会成为爆款，获得如此多的关注和点赞。

（2）请你谈一谈自己原创的抖音视频是否有此类体验，你能说出多少条短视频推荐的规则？

知识平台

很多人都存在疑问，就是自己的原创短视频为何没人看，或者观者寥寥无几。提高曝光率成为短视频生产者的首要目标，因为只有更多人看到短视频，才能传播更多信息，从而获得变现。所以了解平台推荐的算法，对提高短视频的推荐量尤为重要。

一、平台的算法推荐

由于发布短视频的用户成千上万，各视频平台都是靠系统智能化推荐来完成审核的，每个平台都有自己的算法，这属于商业机密，但各算法大同小异，流程大致如下。

第一步：审核与筛选。

当视频键入若干"敏感词"后，视频就处于"审核中"状态，而不被推荐了，就算审核完毕，推荐量也会大打折扣。这就是人工智能审核的弊端，它根据库内的关键词进行比对，就算视频的内容没有任何问题，但敏感词汇重合了，就会被"延迟推荐"或者直接剔除。

所以在短视频编辑时，无论是字幕还是介绍，都要避开违法的、敏感的、不符合平台要求的内容，这样筛选出的视频才能公开展示。

第二步：少量推荐。

当你的视频过审后，并不是直接推荐给大众，而是先"谨慎"地推荐给少量用户，等他们点击播放形成反馈数据后，再进行下一步推荐。这些少量用户仿佛就是“海选评委”，你拿到他们的“offer”才能晋级到下一波流量，否则就会迅速沉没在海量的短视频里，不能被用户们看到。只有点击量、播放量、转发量、评论量高的短视频才容易被平台再次推荐，而大部分视频会止于此步，如果视频只吸引了一二百次观看就意味着它只到了第二步。

第三步：大量推荐。

少量推荐是一个小范围的测试，看看用户是否对这个视频有兴趣，当该视频获得少量用户的肯定后，平台推荐法将会把该视频分发给大量的用户。大量推荐意味着更多的曝光率和播放量，爆款视频就是被大量推荐的视频。

第四步：重复。

平台在收集海量数据后，会不断“进化”自己的推荐机制，然后在前3个步骤中不断重复，寻找适合推荐给大众的新的短视频。当然，那些头部“网红”的账号是享受优惠政策的，他们的视频只要能经过审核就可以直接进入大众推荐环节。

二、对推荐量有影响的数据要素

为了提高视频的推荐量，短视频创作者要根据8个数据要素来优化自己的内容。

1. 账号活跃度

账号活跃度，即账号产出内容的数量和频率。假如账号长期停更，就会降低活跃度，存在感也会随之下降，粉丝也会流失殆尽。虽然长期不更新，该账户的粉丝也不一定会取消关注，但早就会被更新及时、内容新颖的账号所吸引。所以无论是早起迅速涨粉，还是后期粉丝的留存，都离不开稳定的更新和高质量作品的维持。

2. 内容的原创度

原创视频的价值就在于“人无我有”，这种创意的特色，更容易被平台所推荐，原创度越高就越能形成特色。如今各平台都在加大原创内容的保护和扶持力度，比如“李子柒”的视频作品体现了中国传统饮食文化和中国审美文化，一经推出获得海量关注。

3. 内容垂直度

内容垂直度，即发布的内容是否专注于某个垂直的专业领域，如果是专注做服饰搭配的，那么账号里所有的视频最好都紧扣此主题，如果有些是美食，有些是旅行日记，这些五花八门的视频就会降低垂直性，可能会被同领域垂直度高的短视频创作者比下去。

4. 内容健康度

内容健康主要是评估短视频是否存在涉嫌违规、违法、抄袭、传播有害信息等行为。比如视频里有一些“暴露”的镜头，或者涉嫌辱骂的话语，那么都会被视为内容不健康，就会被用户举报或被系统平台识别后，不予继续曝光。

5. 互动、喜爱度

平台根据短视频的点赞、评论、转发量，就能判断该内容是否受人欢迎。所以作为原创者需要及时回复评论，与用户们互动也能提高他们的喜爱度，得到更多推荐的机会。所以，视频创作者及时与用户“翻一翻”(指回复评论等)，同样可以获得更多推荐的机会。

6. 播放量

短视频的用户观看量就是收视率，这个量和推荐量成正比。用户在视频创作者的主页浏览短视频是不会被计入播放量的，只有点击打开短视频才会被计算。另外，还要关注播放时长和跳出率，只有用户真正感兴趣的内容才会被播完，若用户点开视频发现视频内容和自己预期相差较远，就会迅速放弃观看，滑到下一个视频。所以，创作者要在内容上下功夫，而不能单单用标题和封面来吸引用户。

7. 用户转发度与收藏

这是对短视频内容认同程度最直接的体现指标。用户在点击播放短视频后主动“加关注”，转化为该创作者的粉丝，转化度越高，短视频越容易被推荐。有些用户还会觉得某视频非常有欣赏价值，想收藏起来以后再看，提高收藏量是短视频运营者努力的方向。所以除了提升作品质量外，还要提升视频的推荐和播放量，收藏量才会水涨船高。

8. 粉丝维度

没有粉丝就没有流量。短视频营销本质上就是一种靠内容营销来带动的流量经济，所以粉丝是关键所在。如何快速涨粉甚至做到持续涨粉是所有短视频团队最关心也是最头痛的问题。所以坚持与粉丝做朋友，持续输出优质的作品，都是维持粉丝量的可行方法。

三、不同平台的推荐机制的差异

了解不同平台的推荐机制，能帮助运营者争取到大量推荐，只有“迎合”平台需求的作品才能获得更好的传播效果。抖音和快手是时下最热门的短视频平台，很多运营者都想知道两个平台该如何选，是一起投放，还是专供一个呢？截至目前，两个平台加起来已经有超过8亿的用户，而且人均观看时长已经到达了60分钟，人均播放量已经超过了150亿，要入局一个平台并且成为深度用户，需要先了解平台的不同定位。

1. 抖音平台的定位

抖音一开始是“潮人短视频的音乐社群”，最早是聚集校园“技术流”的青年们，属于亚文化圈层，经几年发展后，抖音现在的定位是“记录美好生活”，主要还是聚集一、二线城市的青年经济，它的推荐机制是“爆款推荐”的算法，给每个用户一定量的流量池，流量池根据点赞量、评论量、转发量、完播率等指标，只要用户在小范围的流量中获得肯定，就会获得大量推荐。所以，用户大量点赞、关注、评论、转发，能使视频较快获得更大范围的推荐。当然，这样的算法可能会导致出现“水军”现象，这也是抖音算法的弊端之一。

一般打开抖音，会直接跳到“推荐”选项，即平台的新作品的推荐页面，用户刷到不喜欢的视频可以上划屏幕跳到下一个视频，直至看到喜欢的作品。用户可以为喜欢的作品点赞评论，这一动作会影响抖音推荐。接下来用户会发现抖音推荐的作品都是自己感兴趣的，喜欢的，这就是抖音算法推荐的“兴趣”标签，它会不断推荐用户感兴趣的作品。抖音的粉丝增长很快，但账号与用户的粘性较低，因为推荐视频的随机性，即使关注账号也不一定还会刷到所关注账号发布的视频，这就需要运营者培养自己的IP人设，通过人设来吸引粉丝到“关注的人”一栏去观看视频。

2. 快手平台定位

快手一开始是“记录生活记录你”，现在是“在快手，看见每一种生活”。快手用户主要分布在三、四线城市，更多是以同城文化的“老铁经济”为主，推荐机制公平选择，根据完播率和播放量来决定，着眼于筛选真正被用户认可的短视频内容，确保平台上用户看到的视频都是受欢迎的优质内容。

快手的一个屏幕会出现好几个视频的封面，这种叫作“瀑布流”，就像淘宝的商品展示方式，用户根据封面和标题选择自己想看的视频。选择后上划屏幕观看、评论，再退出来看其他视频，给了用户选择视频的时间。所以，快手的核心关键词就是“关注”和“同城”，它更关心人与人之间的连接，只要用户关注了某个视频号，一打开快手 App 就可以看到它。打开快手平台后，主页一般先是显示“关注”，再是“同城”。所以，该平台用户粘性很强，但粉丝增长速度不快，需要更多有深度的用户运营，培养“老铁”(朋友) 关系。

四、掌握算法规律，提升传播效果

1. 设置长度较长的标题

一般而言，标题 20—30 字最为合适。为方便用户在 App 上观看，可以将其控制在 26 字以内。前半句可以介绍本期视频的内容，后半句揭示该内容的亮点、痛点或“槽点”所在。

2. 设置系统易推荐的关键词

各个平台都会采用抓取关键词的手段，以精准推荐视频给有需要的用户，从而得到更高的推荐量。关键词主要体现在短视频标题和话题标签名称当中，要注意内容相符，明确易懂。如果没有创新，视频创作者可以选择大众化关键词。因为大众话题无论在何时都会具有一定的点击率。

3. 设置吸引用户注意力的高频词汇

在标题中可以设置高频词汇，增加点击率：(1) 阿拉伯数字。阿拉伯数字在汉字标题中容易脱颖而出，数字越大，标题越显眼，但要和内容相关联，不能成为“标题党”；(2) 矛盾类词汇。它会让人产生好奇心，期待从短视频中找到解决方案，其实就是一种设疑的方法；(3) 带有挑战意味的词汇。“你敢吗？”“能不能”类语句会激发用户的挑战心理，去观看短视频中的内容是否真有创作者所说的那么出色；(4) 痛点类词语。此类词语旨在唤醒用户在工作或生活中的痛点。比如怎么有效记笔记，吃西餐的时候哪个酒杯装红酒，重疾险怎么选择等。

4. 设置吸引用户的封面

在主页上，人们往往看到的是短视频的封面，故短视频的封面要精心挑选制作，内容中的精华展现和标题相得益彰，封面忌出现水印和广告。

任务实施

【新媒体名词解释】

(1) 短视频变现:____

____

(2) 完播率:____

____

(3) 算法推荐:____

____

【说一说】

请点评一则爆款短视频，运用学过的数据维度去分析。

____

____

【试一试】

(1) 到抖音和快手平台注册账号，发布一则相同的视频，查看播放量的差异。

(2) 在抖音平台让亲友帮自己点赞转发，看看是否能提高被推荐量。

(3) 在自己拍摄的视频中，设置标题和封面，并写出自己的设计理念。

____

____

实践展示

【读一读】

截至 2020 年 2 月 14 日，卡司数据在抖音平台上搜索关键词“冠状病毒肺炎”搜到了上百个话题，涉及此类话题的视频多达 1.4 万个，播放量达到了8.3亿次。2020年春节，许多短视频团队在疫情期间放弃了之前拍摄的新春贺礼的视频，而是临时创作了和疫情主题相关的视频，有的分享居家防疫的知识，有的通过直播带货的形式帮助因为疫情受到经济损失的农民打开销路，还有的通过幽默搞笑的方式传播正能量，缓解广大用户的焦虑心理。

【写一写】

请根据上面这则新闻，写出你对此的评价。

任务 5.5　一个人也能拍出“爆款”视频

学习目标

通过本节课的学习，你应该能够：

(1) 了解拍摄的基本配置。

(2) 学会拍摄前的基本准备。

(3) 学会用“剪映”进行剪辑。

(4) 学会用 10 分钟拍出爆款视频。

短视频感知

视频形态是当下记录和表达生活的主要方式，当越来越多人参与到短视频创作中，如何让内容通过剪辑呈现得更加个性化、艺术化，成为当下短视频用户及创作者的重要需求。

剪映软件作为剪辑工具中的代表，以其强大的功能、丰富的特效库、简单的操作，和抖音联合出品后，很快赢得了大众的喜爱。剪映的出现，让人人都是“剪辑师”成为可能；而在平台的不断成长与进化中，也逐渐彰显出其强大的营销价值。

作为开放的潮流视频创作与分享平台，剪映瞄准平台年轻用户，全能好用、轻而强大，大大降低了剪辑的技术门槛，自 2019 年上线以来迅速成为深受用户喜爱的视频创作 App，作为抖音官方剪辑平台，也为抖音输送了大量优质内容。

2020 年上半年，剪映用户规模增长 118%，MAU（Monthly Active User，月活跃用户数量）达到 6145 万，成为国内 TOP1 视频创作阵地，同时搭建了一个拉近与目标用户沟通距离的营销阵地。剪映有“10 万 +”模板创作者，用户可以直接使用剪映的模板功能，上传素材后一键生成完整视频，大大降低了创作门槛，模板的日使用量达到 1700 万，此外剪辑完的视频可以直接分享到抖音和西瓜视频，有效帮助视频内容进行更高效的传播。

任务清单

(1) 下载剪映并进行注册。

(2) 在剪映的创新学院观看新手入门。

(3) 选择一个卡点模板，把你手机上的照片做成卡点视频。

知识平台

实践出真知。了解短视频所有知识之后，最直观的检验还是需要自己动手实践，也就是拍摄短视频。有些人觉得自己硬件不够丰富或高级，怕拍不出好的视频，其实随着智能手机的普及，用一部智能手机就足以拍摄短视频，甚至还能用手机拍电影。当然如果有足够的条件，那么可以提升拍摄装备的配置，但刚起步时，我们无须投资太多硬件，这就是短视频“门槛低”的优势。常用配置比较表，如表 5.1 所示。

表 5.1　配置比较表

配置规模	硬件	团队	拍摄特色	举例
基础配置	一部手机 + 手机支架	“编导 + 演员”，甚至只有一个人	个人喜好	美妆博主谢婷婷
高级配置	单反相机、电脑、手机、话筒等	导演 + 编剧 + 摄像 + 后期 + 演员 + 运营	商业化运作	大部分百万级粉丝量的账号

一、拍摄短视频的 3 个准备

1. 话题准备，明确内容选题

比如做美食赛道，是要拍做菜的教程，还是探店推荐，还是美食搞笑段子？要确定选题，首先要清楚自己要做的内容，做到有的放矢。比如“房琪 kiki”的视频专属旅游赛道，创作者身临其境拍摄美景视频，并用诗情画意的语句介绍推荐。“都靓 Amber”，一个分享都市女性精致生活感悟的账号，其通过述说对生活的感悟，引起广大用户共鸣。

优质的账号都有自己的赛道定位，有一条清晰的主线路，所有视频的内容都会围绕着主线路展开，每个观点作为分支也都不会脱离主线。所以，首先要明确账号定位才能明确内容，确定整体账号的基调。

2. 脚本准备，确定内容框架

有些用户很喜欢想到什么拍什么，一天到晚拍了一堆素材，不知道哪些素材是可以用的，哪些是无关紧要的。这就是没有脚本思维。没有建立故事的框架，就没法挑选或拍摄素材。有个美妆博主叫“谢婷婷”，她在抖音的视频基本上都是美妆教学的分享，也有化妆品的测评以及美妆工具的推荐，其实她的视频都有一个固定模板，先提出一个公认的化妆难点，给出妆后效果，再分析怎么化，一步步教观众实操，最后放出妆前妆后对比，配上音乐和衣服。有了基本拍摄思路，就知道怎么找角度，是半身，还是全身，是特写还是细节，这都需要在拍摄前策划好。

所以，提前准备好脚本非常重要。各视频因为内容不同，脚本也是不同的，比如要拍摄新开的地铁 4 号线，可以从以下几个节点来写脚本：

(1) 明确目标：拍摄的内容围绕乘坐 4 号线的感受。

(2) 精彩导入：给大众一个背景交代，即为何要去体验 4 号线，因为这是本市最新开的地铁线路，而且还经过拍摄者的母校，所以创作者特别向往。

(3) 展示规划：要怎么去，怎么规划行程？从哪个站点开始，到哪个站点出来，在地铁上怎么拍。

(4) 记录行程：记录一路上购买地铁票、入闸、坐车、出闸、问路、站点参观等的体验。

(5) 突出特写：记录发生的一些小故事，体现细节，与同类竞品显出差异。

(6) 提出话题：可以抛出一些需要观众思考或引起热议的话题。

通过脚本的准备，拍摄者不会再一头雾水。脚本要尽量详细，镜头拍摄的要求也要提前想好，还有需要补充的素材、配音的需求等，脚本越完善，才能在实际拍摄中越顺利。

3. 器械准备，准备拍摄器材

一般一个人要熟练掌握某型号的单反相机，至少需要 15—30 天不等，如果拍摄高清视频，素材体积很大，所以需要一套可以剪辑素材的电脑，那么前期投入需要万元左右。

如果是“单兵”作战，那么最基本的设备配置是：一部画质清晰的手机；收音麦克风，用于给视频配音，直接用手机收音会显得声音噪点太多，不清楚；小型补光灯，在灰暗的环境下帮助补光拍摄。

所有的设备不是越贵越好，而是适合的，才是最好的。

二、剪辑软件

市面上有很多剪辑软件，比如“爱编辑”“快剪辑”，还有抖音配套的“剪映”软件，以及专业的剪辑软件 Pr。

对于新手玩家，可使用“剪映”，一是因为它一个免费软件，二是因为它比较容易上手，该软件里有非常多的模板和音乐，也有完善的教程视频，可以帮助新手迅速入门。

1. 剪映软件的基础操作

在手机的应用商城里下载“剪映”软件，进行注册。剪映是抖音旗下的剪辑软件，所以具有与抖音“一键同步”的功能。剪映的界面友好，操作性强，最基本的功能有：

(1) 分割和排序。

分割的作用是剪切不需要的镜头，或者加入转场的效果；排序则是对素材进行顺序调整。

(2) 特效。

剪映的每个版本都会出各式各样的特效，可增加视频的丰富度，有星光、烟雾、爱心光斑、动感等，加上特效后，视频会更加灵动。

(3) 变速。

可以将原有的视频素材加快或变慢，而且还有曲线加速的功能，软件贴心地做了变速的现用模板，“蒙太奇”“英雄时间”“子弹时间”可以增加视频的“技术感”，一秒出大片。

(4) 画中画。

可以将多个素材混合播放，尽情尝试更多创意玩法，如正常叠加、滤色、正片叠底等，通过画中画可以让一幅静止的街区图片，叠加雪花的视频，营造大雪纷飞的路景。

(5) 转场。

剪映设置了多样的专场效果，如特效专场、MG 转场、幻灯片、运转转场等，可以让两段视频之间的衔接更加流畅。

(6) 识别字幕。

剪映能智能识别人声、歌词并转换成字幕，也能对识别的字幕进行细致修改。

(7) 自动卡点。

剪映能自动识别音乐的节奏，根据音乐节拍进行自动踩点，轻松制作卡点视频。

(8) 草稿箱。

剪映会随时记录、保存剪辑视频中的工程文件，如果剪辑中中途退出，它也会自动保存刚做完的“工程”，下一次剪辑的时候再到草稿箱去寻找。

2. 利用“剪同款”制作热门视频

剪映还给用户提供大量的模板视频，这是抖音的技术人员和热爱短视频创作的“大咖”们贡献的作品，里面有卡点模板、VLOG 模板、旅行模板、大片模板、纪念日模板等。对于新手而言，只要选择其中一种模板然后根据模板的要求，插入视频或照片，就一键完成了。模板的文字、音乐、滤镜、转场、特效都是配置好的，如果有需要，有些模板的文字还可以修改，而且这些模板还在不断升级，当出现爆款视频的时候，剪映里相同的模块也会更快地更新。

这样的模板是零基础制作短视频的“神器”，对新手而言实用有效。抖音也有这样的模板，比如任何一个视频火了、特效火了或某条“梗”火了，用户都可以通过点击背景音乐按键，然后拍同款。所以，我们在抖音视频中往往看到不同账号都在翻拍同一款音乐、同一特效的视频，这就是追热点。抖音鼓励用户翻拍，比如冰天雪地洒热水，用慢镜头记录热水遇冷化成水汽形成的一种环形烟雾，拍出唯美的效果，这样泼水成冰的视频在抖音不下几万条，形成一种挑战话题，当然，抖音在视频上都做了注意安全的提醒。

3. 卡点音乐的创作套路

卡点音乐就是卡着背景音乐来放视频，最初卡点音乐往往在“变装秀”之类的视频中广泛流传，换装前、换装后的反差配合音乐强弱或快慢的对比，展示从平稳到高潮的变化，增加视频的冲击力。现在卡点音乐应用更加广泛，比如各种旅行卡点视频、美妆卡点视频、闺蜜情侣照卡点视频等，深受大家喜爱。

4. 有效利用剪映中的教程页面

剪映为用户提供了丰富多样的视频教程，手把手教用户如何上手剪辑视频，有手机剪辑、电脑剪辑、热门玩法、模板使用、拍摄技巧、修图技巧等注重操作的视频，也有选题策划、人设涨粉、流量运营等视频运营类的教程，截至目前，这些功能全部免费，给用户们提供了巨大帮助。更值得一提的是，每个教程下的反馈意见都得到了制作者的重视，并由此去不断开发更为实用的教程。

三、用十分钟拍出爆款视频

第一步，打开剪映，点击拍同款，搜索关键词“生活中治愈的瞬间”，选中一个模板，然后打开浏览一遍。

第二步，了解模板。

了解模板视频整体时长，知道需要的素材片段个数，可以在原有素材中选择，或者用原来拍摄过的长素材剪辑成符合主题的短素材，当然在量上要有富余；接着了解每段素材的时长，点击进入剪同款时就能看到，比如模板显示每段素材是 3 秒，那么素材如果超过 3 秒，就可以放入后再进行选取剪辑；下一步要构思所要表达的主题，要有剧本的思维，所有素材都应该紧紧围绕着主题，比如要表现服饰搭配的主题，那么素材里不应该出现其他主题，内容要垂直，主线要明确；最后思考视频里的文字和素材怎么进行搭配，将主题恰如其分地表达出来，短视频里的文字要尽量精简，起到画龙点睛的作用。

第三步，构思剧本。

主题：不经历风雨怎么见彩虹

内容：

高三暑假，在家认真复习，突然狂风暴雨，但天边出现了美丽的彩霞和彩虹。

拍摄：

6段素材——

镜头1：努力复习，做题的画面。

镜头2：展示自己复习的成果。

镜头3：窗外开始刮风下雨。

镜头4：拍窗外的彩霞。

镜头5：仰望天空，突然发现彩虹。

镜头6：与彩虹合影，加油，高三生！

设备：

一部智能手机。

思想：

继续复习，苦中作乐。

所有素材拍完之后，在剪映里选择一个工作VLOG的模板，进入“视频剪辑”，接下来对模板里原有的6段素材进行更换，再到“文本剪辑”里替换模板文字。让所有的文本更适合学习时苦中作乐的意境，视频的内容要和文字搭配，不能脱离视频的具体内容。比如，展示努力复习画面的时候可以写“学习是一种信仰！”或“NO pains No gains”等，最后，合成模板就能看到作品了。

通过剪映制作的视频可以一键发布到抖音，或者转发到微信、微博等进行展示。

任务实施

【新媒体名词解释】

(1) 剧本思维：____________________

____

(2) 分镜头：____________________

____

【试一试】

新媒体工作室年度表彰大会即将举行，请你设计一个60秒内的短视频剧本框架，把每个分镜头的设计稿写下来。

【做一做】

班级分组拍摄颁奖仪式，根据主题进行编辑并展示。

实践展示

【练一练】

小组合作用手机、三脚架拍等拍摄一则学校宣传短片，需要设计好剧本、分镜头，套用卡点模板，展示大家对美好校园生活的热爱。

【写一写】

请根据上题的要求，写出拍摄剧本。

参考文献

[1] 文能载商. 10W+ 新媒体文案炼成记 [M].北京：清华大学出版社，2018.

[2] 秋叶，哈默. 新媒体写作平台策划与运营 [M]. 北京：人民邮电出版社，2017.

[3] 魏颖. 公众号运营：内容创作 + 运营推广 + 商业变现 [M]. 北京：化学工业出版社，2019.

[4] 叶龙. 微信公众号运营：100000+ 爆款软文内容速成 [M]. 北京：清华大学出版社，2017.

[5] 刘炜.微信公众号、小程序、朋友圈运营完全操作手册 [M].北京：清华大学出版社，2019.

[6] 龙飞.新媒体运营一册通 [M].北京：电子工业出版社，2020.

[7] 营销铁军.短视频营销 [M].天津：天津科学技术出版社，2020.

[8] 叶小鱼，勾俊伟 . 新媒体文案创作与传播 [M].北京：人民邮电出版社，2018.

[9] 李鹏 . 抖音头号玩家 [M].广州：广东经济出版社，2019.

[10] 张昀竹 .7 亿多张爱国“民族照”秀出“我爱你中国”Style——专访人民日报社新媒体中心国庆民族题材互动 H5 作品主创 [J]. 中国民族，2019(11)：61-63.

[11] 张宇 . 从央广“王小艺的朋友圈”看 H5 创新 [J]. 中央广播电视学刊，2018(07) :102-104.

[12] 贾皓 . 从中国新闻奖获奖作品看 H5 制作趋势与技巧 [J]. 中国传媒科技，2019(12)：12-14.

[13] 罗伯特・布莱 . 文案创作完全手册 [M]. 刘怡女，袁婧，译 . 北京联合出版公司，2018.

[14] 约瑟夫·休格曼. 文案训练手册 [M]. 杨紫苏，张晓丽，译. 中信出版社，2019.

[15] 威廉·E. 布隆代尔. 华尔街日报是如何讲故事的 [M]. 徐扬，译. 华夏出版社，2018.

[16] 罗伯特·布莱. 文案创作完全手册（第 3 版）[M]. 北京：联合出版公司，2013.